PETER SCHMIDT

Træningsøvelser til gennembrud, kryds, overgange, pres og screeninger

- et håndboldtips' temahæfte

Træningsøvelser til gennembrud, kryds, overgange, pres og screeninger

Copyright © 2019 Peter Schmidt
Forlag: BoD – Books on Demand, København, Danmark
Tryk: BoD – Books on Demand, Norderstedt, Tyskland
Bogen er skrevet med Palatino Linotype

1. udgave, 1. version

ISBN: 9 788743 011248

"Fordi noget synes svært for dig, tro ikke, at det er umuligt for en anden at opnå det. Men alt, hvad der er muligt for en anden, tro på, at du også kan klare det"

Marcus Aurelius (121 - 180) – Romersk kejser 161-180 og stoisk filosof. I traditionel historieskrivning anses han som den sidste "gode" kejser, og hans død som begyndelsen på enden for *Pax Romana* og starten på romerrigets nedgang og forfald.

INDHOLD

INDLEDNING

Den tekniske træning er en vigtig del af træningen – ingen kampe vindes på råstyrke alene, selv om det selvfølgelig hjælper…

Hvis det tekniske niveau forbedres, så følger den taktiske forståelse sædvanligvis også med; spillerne bliver bedre i stand til at se muligheder i spillet, og udnytte disse med det rette værktøj – et gennembrud, et kryds, en finte, en risikabel og spektakulær aflevering eksempelvis.

I dette hæfte har jeg forsøgt at samle nogle af de byggesten, der skal bruges i angrebsspillet. Du finder øvelser til forskellige færdigheder, der alle mere eller mindre indgår i det kollektive angrebsspil: Gennembrud, kryds, pres, overgange og screeninger.

Alle øvelser findes i de seks bøger i Håndboldtipsserien (se bogliste bagerst i dette hæfte). Hvis du har disse bøger i bogreolen, behøver du derfor ikke dette hæfte – medmindre du vil have alle de primære øvelser til træning af de områder, hæftet indeholder, samlet eet sted, let og overskueligt. Og ja, det burde jeg måske have indledt dette afsnit med, for hvis du læser dette, så har du sikkert allerede købt hæftet. Men det står altså også på bagsiden…

En smule praktiske informationer, inden du bladrer videre.

Som sagt har det været min hensigt at samle øvelser til træning af gennembrud, kryds, overgange, pres og screeninger, men det er ikke en færdig træningsmanual. Hensigten har været, at indholdet af hæftet skal fungere som inspirationskilde. Derfor kan du finde en lang række forskellige øvelser, du kan anvende som beskrevet, eller som du kan bruge som basis for at udvikle dine egne øvelser, så de passer bedre til dine spillere. Det er op til dig, som træner, at foretage denne tilretning… jeg har bare forsøgt at give dig nogle byggeklodser.

Der findes absolut ingen facitliste, intet *"rigtigt"* eller *"forkert"*.

Antal gentagelser, repetitioner, tider med mere under en given øvelse skal blot tages som vejledende. Det er i sidste ende dig – og kun dig – som træner, der bedst kan vurdere de spillere, du arbejder med. Ved en del af øvelserne har jeg slet ikke angivet tid, respektive repetitioner af samme grund. Vejledende oplysninger kan være irrelevante. Det giver f.eks. ikke mening at skrive, at en øvelse *SKAL* afvikles i 12 minutter – punktum og udråbstegn! – hvis der arbejdes med en gruppe spillere, der helt tydeligt ikke kan. Der er forskel på veltrænede seniorer, motionister, ungdom og børn.

"Kært barn har mange navne" lyder en gammel talemåde. Sådan er det også med mange af de øvelser, jeg har medtaget i denne bog. Jeg har valgt at medtage øvelserne med blot et nummer (og mange steder supplerende undertitel). Vel vidende, at det kan være "risikabelt" at begive sig ud i det mørkeland, der hersker omkring navngivning af helt almindelige træningsøvelser. Der kan og vil derfor være en vis sandsynlighed for, at du måske kender en eller flere øvelser under et andet navn, som jeg så ikke har brugt. Og sådan er det. Det er ikke en faktuel, bevidst fejl fra min side, men nærmere et udtryk for, at der reelt ikke findes et uendelig antal af træningsøvelser til håndbold, men til gengæld rigtig mange variationer og temaer af øvelserne. Hver gang man som træner tager en øvelse til sig, ja så transformere den sig og ændre sig en smule i udførelse, og måske også navn.

Mange øvelser fungerer bedst med et bestemt antal spillere. Men nogle øvelser kan gennemføres med et vilkårligt antal, hvilket fremgår under de respektive øvelser. I de øvelser, hvor mange spillere kan give uhensigtsmæssig ventetid, har jeg ikke angivet alternativ beskæftigelse. Det vil jeg lade være op til dig at vurdere og sætte i værk, hvis det er nødvendigt, ud fra det spillermateriale, du arbejder med. Det ved du bedst. Det skal jeg ikke gøre mig klog på.

Husk for øvrigt også, at ingen illustrationer er 100 procent "målfaste". Alle illustrationer er "sådan cirka" og du bliver nødt til at læse teksten for at se de korrekte afstande. Jeg er blevet mødt med, at "dine tegninger passer jo ikke" fra læsere af mine andre bøger. Det har aldrig været meningen, tegningerne er kun for den visuelle forståelses skyld. Det er meget svært at lave den slags illustrationer i korrekt målestoksforhold.

Nu har jeg ansvarsfraskrevet mig og hermed taget forbehold og har gjort opmærksom på det!

Og nu – god fornøjelse med dette hæfte.

Tjæreby, august 2019

Peter Schmidt

SIGNATURER

Angrebsspiller	▲
Forsvarsspiller	○
Målvogter	⊘ ▲
Træner, official, tilspiller	⦀
Bold	●
Boldkiste, bolddepot og lignende	⣿⣿
Kegle	▯
Spillers bevægelsesretning (løbe-)	→
Bolds bevægelsesretning (afleverings-)	- - - →
Dribling	⌇→
Afslutning mod mål (skud)	⟹

Forkortelser, angreb

VF = Venstre fløj
VB = Venstre back
CT = Center /playmaker
HB = Højre back
HF = Højre fløj
ST = Streg

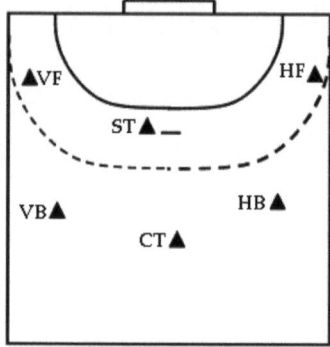

Forkortelser, forsvar (6:0)

H1 = Højre forsvarsfløj
H2 = Højre forsvarsback
H3 = Højre centerforsvarsspiller
V3 = Venstre centerforsvarsspiller
V2 = Venstre forsvarsback
V1 = Venstre forsvarsfløj
MV = Målvogter

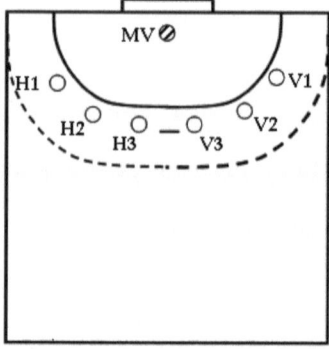

1: GENNEMBRUD

GENNEMBRUDSØVELSE 1

EN MOD EN 1

Organisering:
Et antal spillere, helst deleligt med 2 (de skal arbejde sammen i par). Hvert par skal bruge en bold.

Spillerne tage opstilling overfor hinanden med 3 meters afstand (brug eventuelt 3M-linje/målfelt). Den ene spiller er angrebsspiller, den anden forsvarsspiller. Angrebsspilleren skal have en bold.

Øvelsens forløb:
Spillerne bytter plads (forlæns fremad, baglæns tilbage – illustration 1) – så snart angrebsspilleren er tilbage på sin udgangsposition, sættes gennembrud ind tæt rundt om forsvarsspilleren (illustration 2).

Der arbejdes enten på tid (1-2 minutter ad gangen) eller et bestemt antal forsøg (10-12) inden der byttes roller. Gennemfør gerne ad 2-3 omgange.

GENNEMBRUDSØVELSE 2

EN MOD EN 2

Organisering:
Et antal spillere, helst deleligt med 2. Spillerne skal arbejde sammen parvis og hvert par skal bruge en bold.

Den ene spiller er angrebsspiller, den anden forsvarsspiller. Angrebsspilleren har bolden. De stiller sig med 1½-2 meters afstand.

På illustrationen står de omkring 3M-linjen. Det er ikke nødvendigt. Parrene kan fordele sig over hele hallen.

Øvelsens forløb:
Angrebsspilleren bevæger sig hurtigt sidelæns fra side til side – 3-4-5 skridt og tilbage. Forsvarsspilleren skal følge hende. På et tidspunkt (efter 5-10 sekunder) skal angrebsspilleren forsøge at komme forbi forsvarsspilleren og lægge bolden bag hende. Forsvarsspilleren skal holde hænderne på ryggen og må kun spærre angrebsspilleren med kroppen.

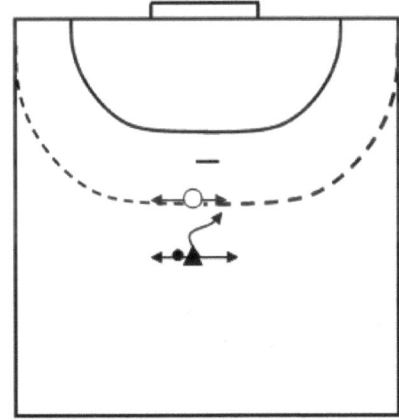

Øvelsen kan enten køres på tid – der skiftes rolle hvert minut – eller der kan byttes efter et passende antal gennembrudsforsøg fra angrebsspilleren (6-8 stykker).

Variation:
-   Forsvarsspilleren må forsøge at forhindre hende i at komme forbi med alle lovlige midler.

GENNEMBRUDSØVELSE 3

EN MOD EN 3

Organisering:
Et antal spillere, helst deleligt med 2 - spillerne skal arbejde sammen parvis og hvert par skal bruge en bold og en kegle.

Den ene spiller er angrebsspiller, den anden forsvarsspiller. Angrebsspilleren har bolden. De stiller sig med 1½-2 meters afstand. Ca. to meter bag forsvarsspilleren stilles en kegle. Bolden placeres oven på keglen.

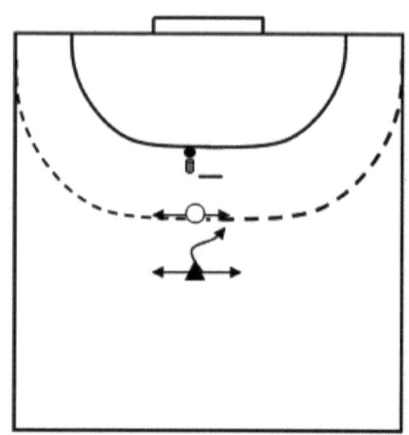

På illustrationen står de omkring 3M-linjen. Det er ikke nødvendigt. Parrene kan fordele sig over hele hallen.

Øvelsens forløb:
Angrebsspilleren bevæger sig hurtigt sidelæns fra side til side – 3-4-5 skridt og tilbage. Forsvarsspilleren skal følge hende. På et tidspunkt (efter 5-10 sekunder) skal angrebsspilleren forsøge at komme forbi forsvarsspilleren og tage bolden på keglen. Forsvarsspilleren skal holde hænderne på ryggen og må kun spærre angrebsspilleren med kroppen.

Man kan eventuelt lade forsvarsspilleren tage gradvist mere og mere fat.

Øvelsen kan enten køres på tid – der skiftes rolle hvert minut – eller der kan byttes efter et passende antal gennembrudsforsøg fra angrebsspilleren (6-8 stykker).

Variation:
- Forsvarsspilleren må forsøge at forhindre hende i at komme forbi med alle lovlige midler.

Gennembrudsøvelse 4

EN MOD EN 4

Organisering:
Et antal spillere, helst deleligt med 2 - spillerne skal arbejde sammen parvis. Der skal ligeledes bruges en rulle bred tape.

Den ene spiller er angrebsspiller, den anden forsvarsspiller. Angrebsspilleren har bolden. De stiller sig med 1½-2 meters afstand. Ca. en meter bag forsvarsspilleren laves et kryds på halgulvet med 2 stykker tape på hver ca. 15 cm.

På illustrationen står de omkring 3M-linjen. Det er ikke nødvendigt. Parrene kan fordele sig over hele hallen.

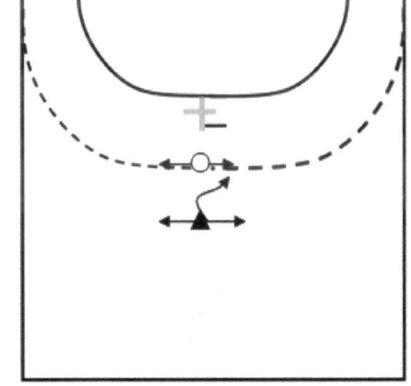

Øvelsens forløb:
Angrebsspilleren bevæger sig hurtigt sidelæns fra side til side – 3-4-5 skridt og tilbage. Forsvarsspilleren skal følge hende. På et tidspunkt (efter 5-10 sekunder) skal angrebsspilleren forsøge at komme forbi forsvarsspilleren og træde på tapekrydset. Forsvarsspilleren skal holde hænderne på ryggen og må kun spærre angrebsspilleren med kroppen.

Man kan eventuelt lade forsvarsspilleren tage gradvist mere og mere fat.

Øvelsen kan enten køres på tid – der skiftes rolle hvert minut – eller der kan byttes efter et passende antal gennembrudsforsøg fra angrebsspilleren (6-8 stykker).

Variation:
-   Forsvarsspilleren må forsøge at forhindre hende i at komme forbi med alle lovlige midler.

GENNEMBRUDSØVELSE 5

EN MOD EN 5

Organisering:
Et antal spillere, minimum 3, 1 målvogter, en lav plint eller stepbæk og rigeligt med bolde.

Stepbænken/plinten sættes cirka ½ meter uden for 3M-feltet. En spiller starter som forsvarsspiller omkring straffemarkeringen. En spiller starter stående på stepbænken/plinten med en bold; resten bag ved med en bold hver.

Øvelsens forløb:
Spilleren hopper ned fra stepbænken/plinten, lander i let bredstående fodstilling, og sætter eksplosiv finte ind på forsvarsspilleren til afslutning rundt om hende. Finten sættes med venstre ben først, hvis hun går højre om – se indsat billede – højre ben først, hvis hun går venstre om.

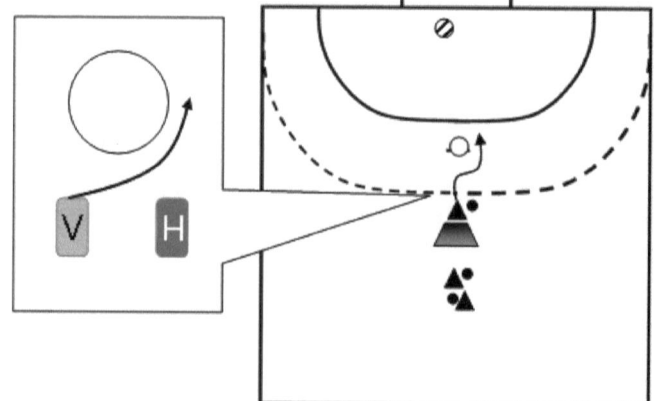

Derefter starter næste spiller. Og så videre.

Husk at rokere på forsvarspladsen.

Forsvarsspilleren skal først være passiv – blot markere med armene at hun følger angrebsspillerens bevægelse – senere mere aktiv, indtil hun til sidste dækker 90% op.

Hver spiller skal have et passende antal gennembrudsforsøg.

GENNEMBRUDSØVELSE 6

EN MOD EN 6

Organisering:
Et antal spillere, helst deleligt med 2, da de skal arbejde sammen i par. Hvert par skal bruge en bold.

Spillerne tager opstilling med cirka 3 meters mellemrum. I princippet kan det være overalt i hallen; i eksemplet på illustrationen er vist to spillere på 3M-linje og ved målfeltet.

Den ene spiller er forsvarsspiller, den anden angrebsspiller og skal starte med en bold.

Øvelsens forløb:
Spillerne lunter frem og mødes "i midten", hvor de danner armkrog, og ligesom "slynger" den anden tilbage igen til udgangspositionen. Så snart angrebsspilleren har fundet fodfæste, sætter hun gennembrud ind mod forsvarsspilleren, der må tage godt fat for at forhindre det – hvilket selvfølgelig kræver god plads mellem de arbejdende par.

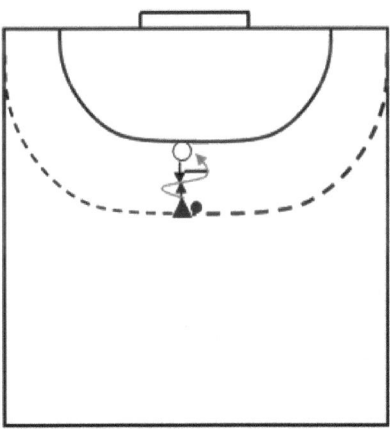

Øvelsen gennemføres 6-8 gange, hvorefter der byttes rolle og forfra.

GENNEMBRUDSØVELSE 7

EN MOD EN 7

Organisering:
Et antal spillere, helst deleligt med tre, da spillerne skal arbejde sammen tre og tre. Hver tremandsgruppe skal bruge en bold.

Spillerne tager opstilling som på illustrationen. Spiller 1 og spiller 3 står cirka 5 meter fra hver sin sidelinje. Spiller 2 starter midt imellem dem front mod den spiller, der har bolden. I dette tilfælde spiller 1. Spiller 2 er forsvarsspiller.

Øvelsens forløb:
Spiller 1 afleverer til spiller 3 (i eksemplet vist med en blød bue – det er en visuel frihed – det skal selvfølgelig være med en hård, lige og præcis aflevering). I det øjeblik hun har afleveret, arbejder spiller 2 fremad mod hende. Spiller 1 skal finte sig uden om spiller 2, så hun kan modtage bolden igen fra spiller 3 på den anden side (ikke illustreret).

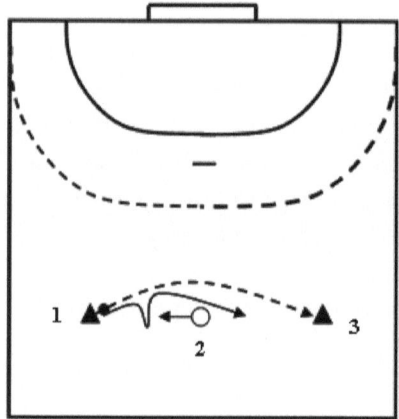

Afhængig af niveau kan man lade spiller 2 tage mere eller mindre fat – fra markering til decideret tackling.

Der byttes kontinuerligt, det vil sige i ovennævnte eksempel går spiller 2 ud som "ny spiller 1", spiller 1 bliver ny forsvarsspiller/"spiller2" og spiller 3 er den, der skal aflevere til spiller 2 (der nu er "spiller 1") og finte sig forbi.

Øvelsen gennemføres til alle har været fintespiller minimum 6-8 gange.

GENNEMBRUDSØVELSE 8

TO MOD EN

Organisering:
2 angrebsspillere mod 1 forsvarsspiller. Der skal bruges 2 kegler til at markere det område, hvor angrebsspillerne må spille sig igennem. Der skal ligeledes medvirke 1 MV. Der skal bruges 1 bold.

Øvelsens forløb:
Angrebsspillerne skal spille sig igennem til afslutning ved gennembrud på kant af forsvarsspiller. Der må spilles helt frit.

Der kan eventuelt indlægges pres på angrebsspillerne ved at begrænse antallet af afleveringer, inden gennembrud skal forsøges.

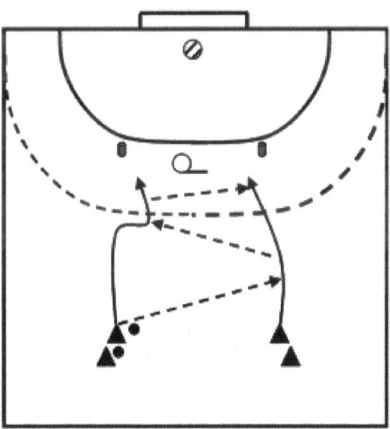

GENNEMBRUDSØVELSE 9

TRE MOD TO

Organisering:
3 angrebsspillere mod 2 forsvarsspillere. Der skal bruges 2 kegler til at markere det område, hvor angrebsspillerne må spille sig igennem. Der skal ligeledes medvirke 1 MV. Der skal bruges 1 bold.

Øvelsens forløb:
Angrebsspillerne skal spille sig igennem til afslutning ved gennembrud på kant af forsvarsspillerne. Der må spilles helt frit.

Der kan eventuelt indlægges pres på angrebsspillerne ved at begrænse antallet af afleveringer, inden gennembrud skal forsøges.

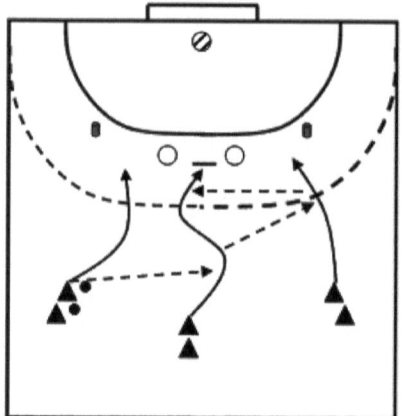

GENNEMBRUDSØVELSE 10

FIRE MOD TRE

Organisering:
4 angrebsspillere mod 3 forsvarsspillere. Der skal bruges 2 kegler til at markere det område, hvor angrebsspillerne må spille sig igennem. Der skal ligeledes medvirke 1 MV. Der skal bruges 1 bold.

Øvelsens forløb:
Angrebsspillerne, 3 bagspillere og ST, skal spille sig igennem til afslutning ved gennembrud på kant af forsvarsspillerne. Der må spilles helt frit.

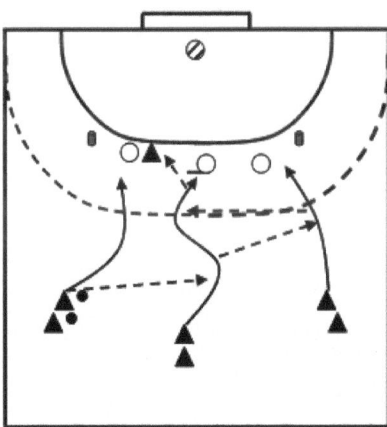

Der kan eventuelt indlægges pres på angrebsspillerne ved at begrænse antallet af afleveringer, inden gennembrud skal forsøges.

GENNEMBRUDSØVELSE 11

EN MOD EN MED TILSPILLER 1

Organisering:
En forsvarsspiller tager opstilling ved målfeltet, en række angrebsspillere midt for hende. Et antal bolde og 1 tilspiller placeres ude ved sidelinjen. Der skal ligeledes bruges 1 MV. 2 kegler opstilles for at markere det område, hvor angrebsspillerne må forsøge gennembrud.

Øvelsens forløb:
Angrebsspillerne skal forsøge gennembrud på aflevering fra tilspiller.

Husk at skifte forsvarsspiller regelmæssigt.

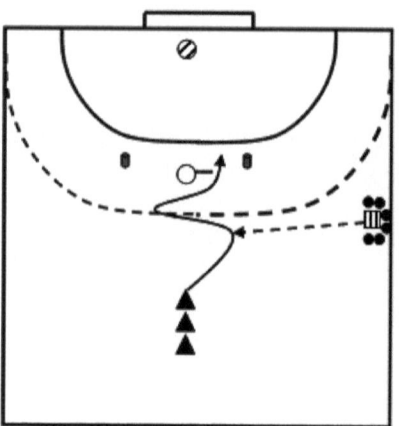

Gennembrudsøvelse 12

EN MOD EN MED TILSPILLER 2

Organisering:
En forsvarsspiller tager opstilling ved målfeltet, en række angrebsspillere midt for hende. Et antal bolde og 1 tilspiller placeres ude ved sidelinjen. Der skal ligeledes bruges 1 MV. 2 kegler opstilles for at markere det område, hvor angrebsspillerne må forsøge gennembrud.

Øvelsens forløb:
Forsvarsspilleren løber ud mod tilspilleren, modtager en bold 1-1½ meter fra hende, hvorefter hun afleverer til angrebsspilleren midtfor. Når angrebsspilleren modtager bolden må hun starte angreb, forsvarsspilleren skal nå retur og genere hende. Der må kun afsluttes ind over målfeltet efter gennembrud.

Husk at skifte forsvarsspiller regelmæssigt.

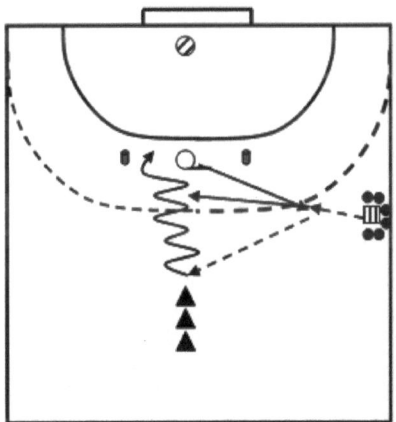

GENNEMBRUDSØVELSE 13

UDEN BOLD

Organisering:
4 forsvarsspillere tager opstilling mellem 2 kegler på målfeltets linje. Afstand mellem hver forsvarsspiller skal være, så der lige netop kan komme en angrebsspiller imellem. To rækker angrebsspillere (minimum 2 i hver række, gerne flere) placeret med ca. 1 meters mellemrum midt for mål.

Øvelsens forløb:
Angrebsspillerne skal – 2 af gangen - forsøge at bryde igennem forsvarsmuren ved hjælp af fodfinter, hurtige retningsskift og lignende. Der arbejdes uden bold.
Forsvarsspillerne må kun dække med kroppen, ikke holde med armene. En angrebsspiller har maksimalt 30 sekunder til at komme igennem, ellers taber hun og må starte forfra (ned bag rækken igen).

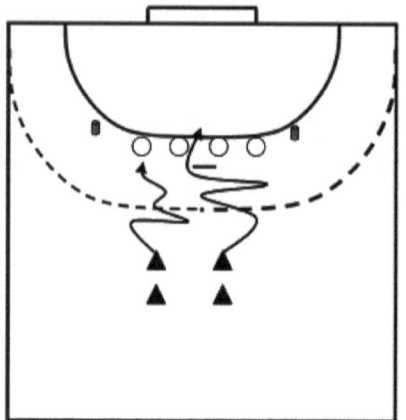

Hver gang en angrebsspiller kommer igennem, tildeles angrebsspillerne 1 point. Hver gang det mislykkes (forsvaret presser spilleren uden om keglemarkeringen, eller tiden er gået), får forsvarsspillerne 1 point.

Der spilles til 9 scorede point, hvorefter der skiftes ud på forsvarspladserne.

GENNEMBRUDSØVELSE 14

GENNEM PORTEN

Organisering:
Der opstilles 4 kegleporte som vist på illustrationen. Når øvelsen starter, skal der stå en forsvarsspiller i hver port. Spillerne, med hver sin bold, fordeler sig ved de fire porte.

Øvelsens forløb:
Angrebsspilleren afleverer til forsvarsspilleren, løber imod hende, modtager bolden retur og skal forsøge gennembrud. Kommer hun igennem, fortsætter hun til næste kegleport og forsvarsspilleren bliver stående. Lykkes det forsvarsspilleren at presse hende uden om porten, at erobre bolden eller få angrebsspilleren til at miste kontrol over den, så bytter de plads, så angrebsspilleren bliver ny forsvarsspiller, og forsvarsspilleren fortsætter som angrebsspiller til næste port.

Der skal være høj intensitet og vilje i gennembruddene – og i forsvarsaktionerne.

Hvis der ikke er så mange spillere, kan man vælge at pille en eller to porte ud.

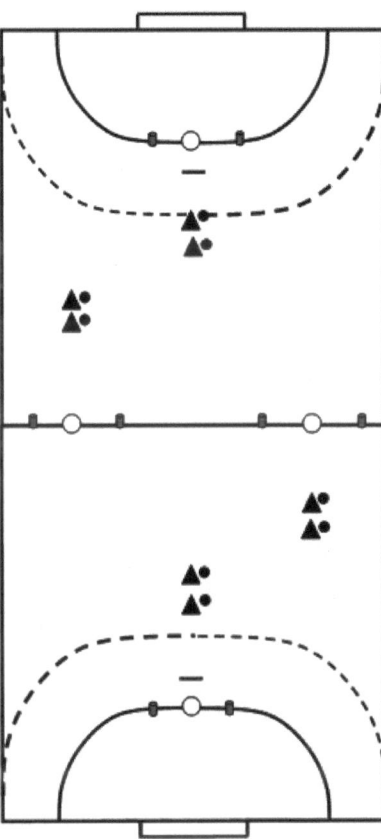

GENNEMBRUDSØVELSE 15

GENNEMBRUDSSPIL 1

Organisering:
4 spillere sammen i og ved et servefelt på en badmintonbane.

2 spillere er "passive" medspillere langs hver sin sidelinje, 1 er forsvarsspiller og 1 er angrebsspiller. Der skal bruges 1 bold.

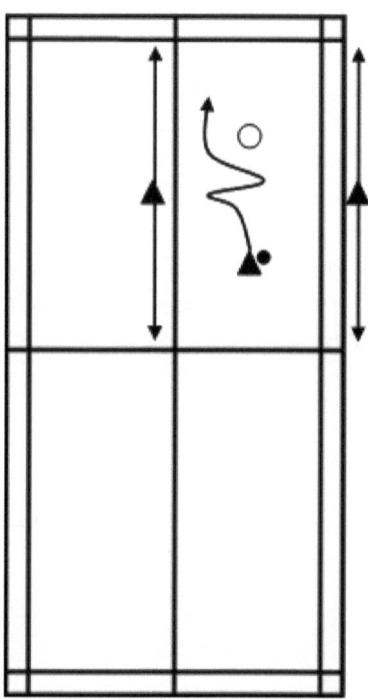

Øvelsens forløb:
Angrebsspilleren skal hele tiden score ved at lægge bolden bag den ene baglinje. Der kan scores bag begge baglinjer, men ikke to gange i træk i samme ende; dvs. når der er scoret i den ene ende, skal der efterfølgende scores i den anden ende.
Angrebsspilleren må spille bande med medspillerne i forsøget på at komme uden om forsvarsspilleren.

Der rokeres hvert minut. Hver spiller skal have 2-4 x 1 minut som angrebsspiller.

Variation:
Der kan spilles på hele badmintonbanen.

GENNEMBRUDSØVELSE 16

GENNEMBRUDSSPIL 2

Organisering:
6 angrebsspillere mod 4 forsvarsspillere. Der skal bruges 1 bold og 1 MV.

Øvelsens forløb:
Angrebsspillerne skal spille sig igennem til så mange afslutninger som muligt ved gennembrud, alternativt indspil til streg. Ingen afslutninger fra distancen.

ST må kun bevæge sig mellem de 2 midterste forsvarsspillere. Forsvarsspillerne må kun bevæge sig sidelæns, ikke fremad (undtagen for at komme uden om ST).

Husk at bytte forsvarsspillerne regelmæssigt. Øvelsen gennemføres 10-15 minutter.

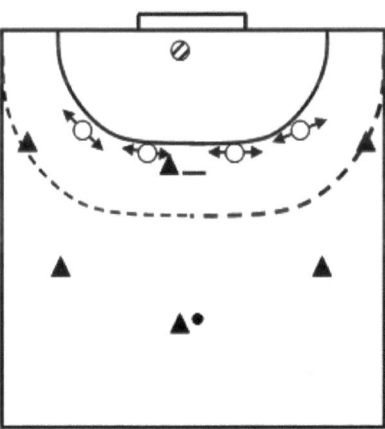

GENNEMBRUDSØVELSE 17

PARALLELLØB

Organisering:
En række angrebsspillere (3-5) og en række forsvarsspillere (tilsvarende antal), 1 MV, 1 tilspiller med et bolddepot og 4 kegler, der markerer løbestrækning. Se opstilling på illustrationen.

Øvelsens forløb:
På signal starter første spiller i både angrebs- og forsvarsrækken deres løb hen for at runde keglen. Når angrebsspilleren runder sin kegle, afleverer tilspilleren en bold til hende, hvorefter hun skal forsøge gennembrud så tæt på straffemarkeringen som muligt. Forsvarsspilleren skal forsøge at forhindre hende i at afslutte – efter at have rundet sin egen kegle.

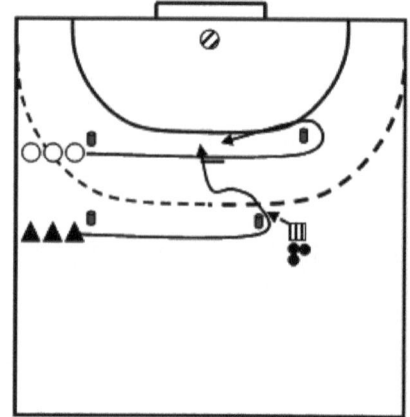

Afstanden mellem forsvarsrækkens 2 kegler skal være ca. 1 meter længere end angrebsrækken, hvilket skal sikre angrebsspilleren et forspring i afslutningsøjeblikket (det er primært en angrebsøvelse). Angriberen skal presses, ikke nødvendigvis tackles.

Rækkerne køres igennem, hvorefter der skiftes rolle forsvar/angriber. Øvelsen gennemføres et passende antal gange. Spilleren skal igennem lige mange gange som angriber og forsvarsspiller.

GENNEMBRUDSØVELSE 18

GENNEMBRUD EFTER OVERGANG 1

Organisering:
Et antal spillere på den ene fløj, 1 spiller på back og 1 spiller på centerpladsen. 1 forsvarsspiller placeret lige midt for mål og 1 MV. I eksemplet på illustrationen startes fra VF, men øvelsen skal ligeledes afvikles i højre side.

Øvelsens forløb:
Første spiller i fløjrækken afleverer til VB, der afleverer videre til CT. Fløj løber overgang, modtager bolden fra CT og sætter finte på forsvarsspilleren til gennembrud enten venstre eller højre om hende. I starten skal forsvarsspilleren være passiv, men gradvist skal presset på gennembrudsspilleren øges.

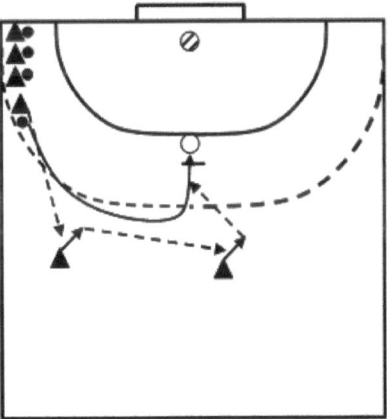

GENNEMBRUDSØVELSE 19

GENNEMBRUD EFTER OVERGANG 2

Organisering:
Et antal spillere på den ene fløj, 1 spiller på back og 1 spiller på centerpladsen. 2 forsvarsspillere placeret midt for mål og 1 MV. I eksemplet på illustrationen startes fra VF, men øvelsen skal ligeledes afvikles i højre side.

Øvelsens forløb:
Første spiller i fløjrækken afleverer til VB, der afleverer videre til CT. Fløj løber overgang, modtager bolden fra CT og bryder igennem mellem de to forsvarsspillere. I starten skal der være god afstand imellem de to forsvarsspillere, men gradvist skal presset på gennembrudsspilleren øges.

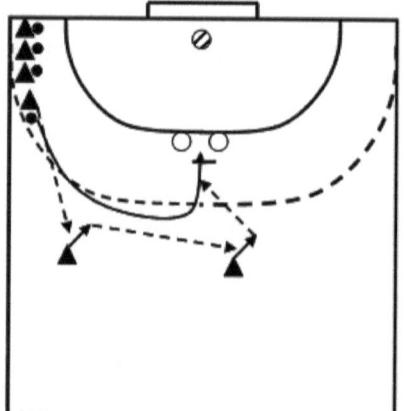

Alternativt kan forsvarsspillerne stå med front mod hinanden og holde hinanden i hånden. Angrebsspilleren skal i gennembruddet "slå" deres hænder fra hinanden.

GENNEMBRUDSØVELSE 20

MED "ALTERNATIV" FORSVARSHANDLING

Organisering:
Minimum 5 spillere, 1 målvogter og et antal bolde.

To spillere starter som forsvarsspillere på henholdsvis H2 og V2. De skal bruge en bold hver. 1-2 spillere starter som centerspillere, resten fordeler sig på de to backpositioner med hver sin bold. Se illustration - i eksemplet startes i højre side.

Øvelsens forløb:
Forsvarsspillerne skal holde boldene foran sig med begge hænder på bolden. Deres eneste kontakt med angrebsspillerne sker med bolden.

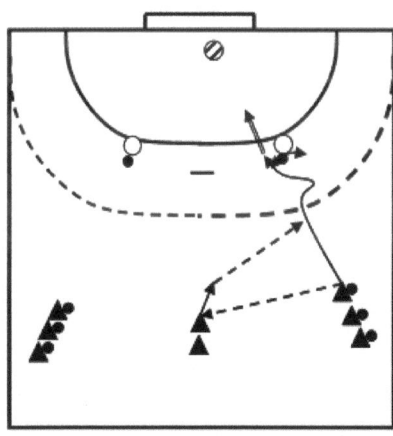

Første spiller på højre back afleverer til centerspilleren, der presser svagt fremad og returnerer afleveringen til HB, der forsøger gennembrud på forsvarsspilleren på V2. Hun (forsvarsspilleren) forsøger at holde angrebsspilleren væk ved at skubbe til hende med den bold, hun holder i begge hænder.

Husk at rokere på pladserne med jævne mellemrum.

Variation:
Øvelsen kan ligeledes gennemføres efter samme koncept med gennembrudsforsøg på H1/V1 respektive H3/V3.

2: KRYDS

KRYDSØVELSE 1

BACKKRYDS 1

Organisering:
Minimum 2 spillere på henholdsvis VB, CT og HB. 2 "tilspillere" (VF og HF).

Øvelsens forløb (med start fra HB – kan også starte fra VB):
CT afleverer til HB, der trækker ind over midten (som om hun vil afslutte ved hopskud midt for mål). Backen afleverer retur til bagom krydsende center, der fra ca. backpositionen afleverer videre ud til HF. HF afleverer bolden ved lang, præcis aflevering til VF, der igen afleverer til VB. VB afleverer bolden til den næste spiller i centerrækken og øvelsen kører forfra den modsatte vej rundt.

Efter krydset går back bag i centerrækken, CT bag i den backrække, hun krydsede med.

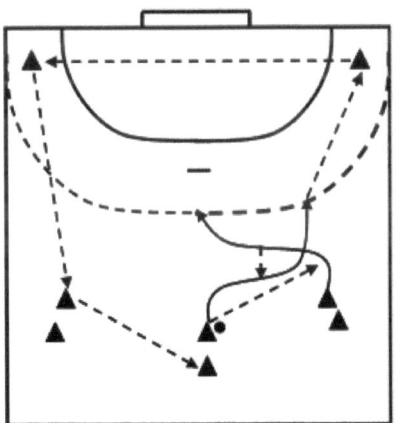

KRYDSØVELSE 2

BACKKRYDS 2

Organisering:
Minimum 2 spillere på henholdsvis VB, CT og HB. 2 "tilspillere" (VF og HF), og 2 forsvarsspillere, placeret offensivt (lige før 3M-linje) på backposition. Evt. en tredje forsvarsspiller og 1 ST. Der skal ligeledes bruges 1 MV.

Øvelsens forløb (med start fra VF – kan også starte fra HF):
VF afleverer til VB, der trækker langt ind over midten (næsten helt over til modsatte forsvarsback). HB krydser bagom hende, modtager bolden og lægger an til afslutning midt for mål. Samtidig er CT rykket ud på VB's position. I stedet for at afslutte, afleverer HB til CT, der sætter finte/gennembrud ind mod forsvarsbacken.

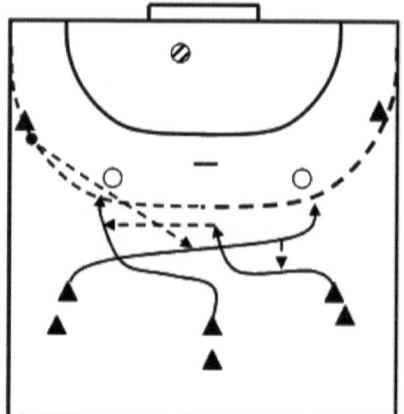

Der kan eventuelt indsættes en forsvarsspiller midtfor og en ST, så CT får muligheden for stregindspil. Øvelsen kan udbygges med forsvar, så der spilles kamprealistisk 6 mod 6.

KRYDSØVELSE 3

BACKKRYDS 3

Organisering:
8-14 spillere, 1 målvogter og et antal bolde.

To spillere starter som forsvarsspillere på H2, respektive V2. Resten fordeler sig på VB-CT-HB. Spillerne på centerpositionen skal have en bold hver.

Øvelsens forløb:
I eksemplet afsluttes i venstre side først. CT afleverer til HB og løber fremad og trækker mod venstre – hun modtager bolden retur og afleverer til VB. VB presser på inderside af forsvarsspilleren (skal trække hende med indad), og afleverer til bagom krydsende CT, der afslutter på yderside af forsvarsspilleren.

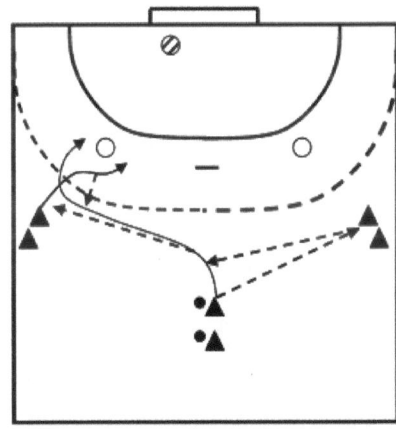

Herefter starter næste spiller på centerpladsen op med aflevering til VB, hvorefter øvelsen køres modsat – osv.

Husk at rokere på pladserne.

Øvelsen gennemføres 6-10 minutter, afhængigt af antal spillere.

Variation
Forsvarsspilleren kan vælge ikke "at gå på backens finte" og trække med indad – gør hun ikke det, skal backen vurdere om hun skal afslutte selv – CT løber stadigvæk bagom og inviterer til krydset.

KRYDSØVELSE 4

BACKKRYDS 4

Organisering:
10-16 spillere, 1 målvogter og et antal bolde.

Tre spillere starter som forsvarsspillere: På H2-V3-V2. En starter som ST mellem V3 og V2. Resten fordeler sig på VB-CT-HB. I eksemplet startes fra VB, øvelsen skal ligeledes afvikles med opstart fra HB. Spillerne på venstre back skal have en bold hver.

Øvelsens forløb:
VB afleverer til CT, der straks afleverer videre til HB, hvorefter hun løber fremad og trækker mod venstre – hun modtager bolden retur og afleverer til VB. VB presser på inderside af forsvarsspilleren (skal trække hende med indad), CT løber bag hende og inviterer til kryds – VB afleverer i stedet langt til HB, der presser ind mod forsvaret. HB enten afslutter selv eller spiller ST, afhængigt af hvad forsvaret gør. Herefter starter næste spiller på VB – osv.

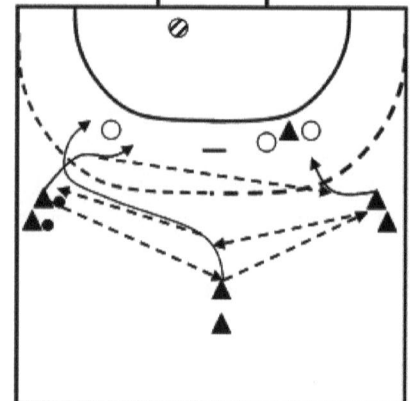

Forsvaret starter en smule passivt (for at give backen plads).

Husk at rokere på pladserne.

Øvelsen gennemføres 6-8 minutter i hver side, afhængigt af antal spillere.

Variation:
VB må vurdere om hun kan afslutte selv – eller aflevere til bagom rykkende CT.

KRYDSØVELSE 5

BACK/FLØJKRYDS 1

Organisering:
8 spillere og et antal bolde.

Spillerne fordeler sig på VF-VB-HB-HF. I eksemplet startes fra HF, hvilket betyder, at anden spiller på VF og første spiller på HF starter med hver en bold.

Øvelsens forløb:
HF afleverer til HB, der afleverer videre til VB. VB presser indad og brækker udad mod VF. VF rykker bagom hende langs 3M-linjen, modtager bolden og afleverer langt til spilleren uden bold på HF. Herefter løber VF bag i rækken på venstre back, VB bag i fløjrækken – og næste VF starter øvelsen op den modsatte vej rundt.

Variation:
Der kan eventuelt indsættes 4 aktive forsvarsspillere på H1-H2-V2-V1 for at presse angrebsspillerne.

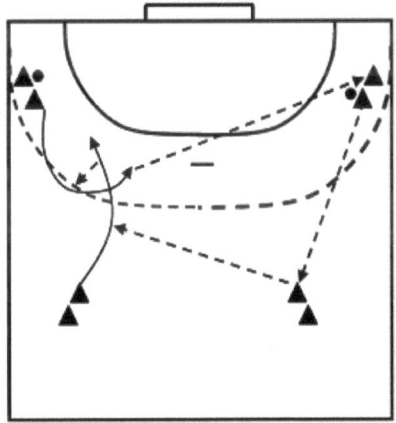

KRYDSØVELSE 6

BACK/FLØJKRYDS 2

Organisering:
13 spillere, 1 målvogter og et antal bolde.

Tre spillere starter som forsvarsspillere. I eksemplet på H1-H2-H3. Resten fordeler sig på VF-VB-CT-HB-HF. Bolden starter hos HF.

Øvelsens forløb:
HF afleverer til HB, der afleverer videre til CT. CT presser på yderside af H3 og afleverer videre til VB, der presser ned mellem H1 og H2. VB afleverer til bagomrykkende VF, der afslutter ved hopskud indover på inderside af H2. CT, VB og VF løber bag i deres respektive række igen, og øvelsen startes op fra VF til HF's afslutning.

Husk at skifte forsvarsspillere undervejs.

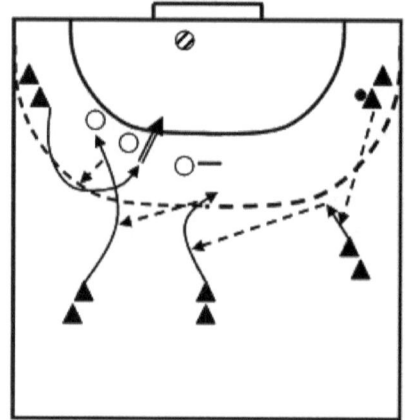

KRYDSØVELSE 7

BACK/FLØJKRYDS MED PLADSSKIFTE

Organisering:
4-12 spillere, 1 målvogter, 1 tilspiller, 1 kegle og et antal bolde, minimum svarende til halvdelen af antal spillere.

Halvdelen af spillerne starter på den ene fløj, i eksemplet på illustrationen på venstre fløj, resten starter på centerpositionen. Spillerne i fløjrækken skal have en bold hver. Tilspilleren står et par meter inde på banen, cirka 3 meter fra midterlinjen, i den side hvor fløjrækken står. En kegle stilles på 3M-linjen ud for tilspilleren. Øvelsen skal ligeledes gennemføres fra modsatte fløj.

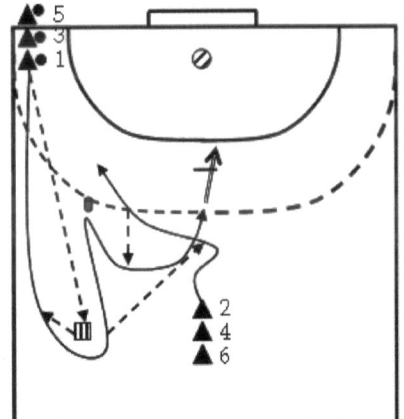

Øvelsens forløb:
Første spiller i fløjrækken (Spiller 1) afleverer til tilspilleren. Efter at have afleveret bolden, løber hun op og rundt om tilspilleren. Kort før tilspilleren rundes, modtager fløjspilleren bolden retur. Hun afleverer umiddelbart efter runding til første spiller i centerrækken (Spiller 2), der modtager bolden efter en svag forfinte mod egen højre side. Fløjen fortsætter ned mod keglen. Efter at have modtaget bolden rykker centerspilleren ned bag keglen, fløjspilleren rykker bag hende – modtager bolden i kryds – og afslutter ved hopskud midt for mål. Centerspilleren (Spiller 2) går ned bag i fløjrækken – fløjspilleren (Spiller 1) bag i centerrækken. Spiller 3 og Spiller 4 starter øvelsen forfra.

Øvelsen gennemføres, så hver spiller afslutter 8-10 gange, inden der skiftes side. Herefter skal hver spiller afslutte 8-10 gange med start fra modsatte fløj.

KRYDSØVELSE 8

BACKKRYDS MED VIDERESPIL TIL FLØJ

Organisering:
13 spillere, 1 målvogter og et antal bolde.

Tre spillere starter som forsvarsspillere. I eksemplet på H1-H2-H3. Resten fordeler sig på VF-VB-CT-HB-HF. Bolden starter hos HF.

Øvelsens forløb:
HF afleverer til HB, der afleverer videre til CT. CT løber udad for at angribe ind mellem H1 og H2. Undervejs afleverer hun til bagomrykkende VB, der presser på inderside af H3 for at trække hende mod midten. CT modtager bolden retur og sætter som sagt sit pres ind mellem H1 og H2 – og slipper bolden videre til VF, der modtager bolden til afslutning efter en svag forfinte indad.

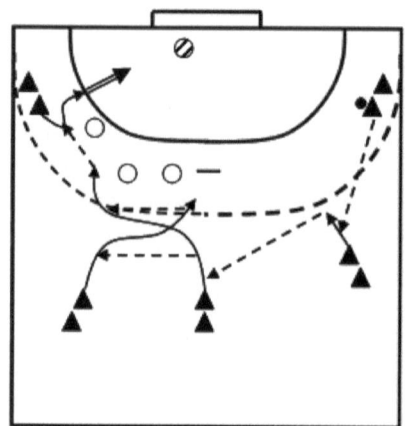

CT, VB og VF løber bag i deres respektive række igen, og øvelsen startes op fra VF til HF's afslutning.

Husk at skifte forsvarsspillere undervejs.

KRYDSØVELSE 9

CENTERKRYDS 1

Organisering:
Minimum 2 spillere på henholdsvis VB, CT og HB. Der skal ligeledes bruges 1 MV. Spillerne skal rokere, så de kan gennemføre øvelsen fra alle tre bagspilspositioner.

Øvelsens forløb (med start fra HB – kan også starte fra VB):
HB afleverer til CT, der rykker udad foran HB. HB krydser efter aflevering bagom den udadrykkende CT, modtager bolden retur og lægger an til afslutning midt for mål. VB starter tilløb og modtager bolden fra HB til afslutning på egen backposition.

Øvelsen kan udbygges med 3 forsvarsspillere, således at presset på bagspillerne bliver mere realistisk.

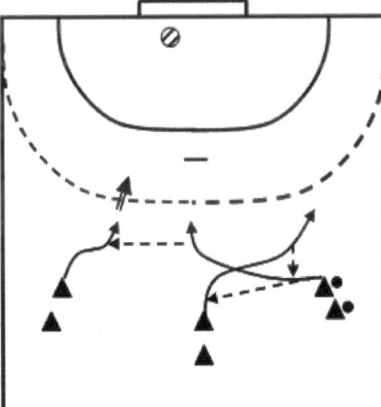

KRYDSØVELSE 10

CENTERKRYDS 2

Organisering:
Minimum 2 spillere på henholdsvis VB, CT og HB. Der skal ligeledes bruges 1 MV. Spillerne skal rokere, så de kan gennemføre øvelsen fra alle tre bagspilspositioner.

Øvelsens forløb (med start fra HB – kan også starte fra VB):
HB afleverer til CT, der rykker udad foran HB. HB krydser efter aflevering bagom den udadrykkende CT, modtager bolden retur og trækker langt ind over midten. VB krydser bag hende og modtager bolden til afslutning midt for mål.

Øvelsen kan udbygges med 3 forsvarsspillere, således at presset på bagspillerne bliver mere realistisk.

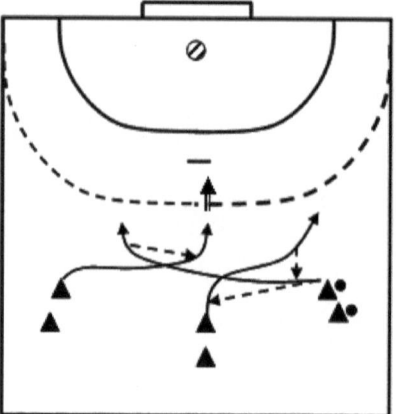

KRYDSØVELSE 11

CENTERKRYDS 3

Organisering:
Minimum 2 spillere på henholdsvis VB, CT og HB. 2 "tilspillere" (VF og HF).

Øvelsens forløb (med start fra HB – kan også starte fra VB):
HB afleverer til CT, der trækker skråt mod højre foran hende. CT afleverer retur til bagom krydsende back, der ca. midt for mål afleverer videre ud til HF. HF afleverer bolden ved lang, præcis aflevering til VF, der igen afleverer til VB, og øvelsen kører forfra den modsatte vej rundt.

Efter krydset går back bag i centerrækken, CT bag i den backrække, hun krydsede med.

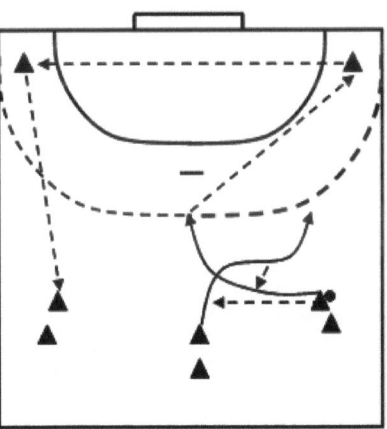

KRYDSØVELSE 12

CENTERKRYDS 4

Organisering:
12 spillere, 1 målvogter og et antal bolde.

Tre spillere starter som forsvarsspillere på H2, midtfor og på V2. Resten fordeler sig på VB-CT-HB. Spillerne i centerrækken har en bold hver. I eksemplet startes med aflevering til VB.

Øvelsens forløb:
CT afleverer til VB, der presser svagt fremad. CT modtager bolden retur og rykker over mod V2. HB krydser bag om hende, modtager bolden, og presser ind mod forsvarsspilleren i midten. VB er efter aflevering til CT trukket et par skridt tilbage, men presser nu lige på H2 igen og modtager bolden fra HB til afslutning ved hopskud.

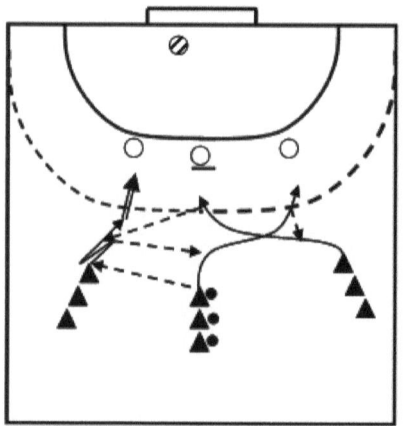

CT trækker ud som HB, HB som CT og VB tilbage på VB, hvorefter øvelsen startes op med aflevering til HB.

Husk at skifte forsvarsspillere undervejs.

KRYDSØVELSE 13

CENTERKRYDS 5

Organisering:
9-15 spillere, 1 målvogter og et antal bolde.

To spillere starter som forsvarsspillere på H3, respektive V3. En starter som ST mellem dem. Resten fordeler sig på VB-CT-HB. I eksemplet afsluttes fra VB, øvelsen skal ligeledes afvikles med afslutning fra HB. Spillerne på midten skal have en bold hver.

Øvelsens forløb:
CT afleverer til HB – løber ind mod 3M-linjen, over under HB, hvor hun modtager bolden retur. Herefter dribler hun langs 3M-linjen mod venstre. VB løber ind over midten og modtager bolden i kryds midt for mål.

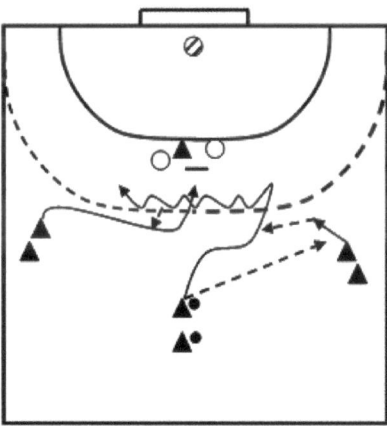

VB kan nu enten afslutte selv eller aflevere ind til ST, der aktivt må holde forsvarsspillerne væk, respektive rykke i fordelagtig position.

Herefter startes øvelsen op den modsatte vej. Husk at rokere på pladserne.

Øvelsen gennemføres 8-12 minutter, afhængigt af antal spillere.

KRYDSØVELSE 14

CENTERKRYDS – KORT 1

Organisering:
Minimum 2 spillere på henholdsvis VB, CT og HB. 2 tilspillere placeret på midten (se illustration) med ca. 2 meters mellemrum.

Øvelsens forløb (med start fra HB – kan også starte fra VB):
HB afleverer til CT, der presser fremad og derefter mod venstre og krydser VB op. VB rykker bag hende til afslutning lige ud for tilspiller 1. I stedet for afslutning afleveres ned til tilspiller 2, der afleverer videre ud til anden spiller på HB, der igen afleverer bredt til anden spiller på VB og øvelsen kører forfra den modsatte vej rundt.

Efter krydset går CT bag i venstre backrække, VB bag i højre backrække og HB bag i centerrækken.

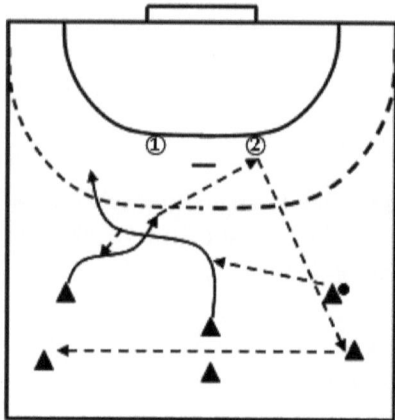

KRYDSØVELSE 15

CENTERKRYDS – KORT 2

Organisering:
Minimum 2 spillere på henholdsvis VB, CT og HB. Der skal ligeledes bruges 1 MV.

Øvelsens forløb (med start fra HB – kan også starte fra VB):
HB afleverer til CT, der presser fremad og derefter mod egen venstre side langt ned foran VB. CT krydser VB op til afslutning på backpositionen.

Efter afslutning går CT bag i venstre backrække og VB bag i centerrækken. Herefter køres øvelsen modsat.
Indsæt senere i øvelsen 3 forsvarsspillere og ST - der må spilles af backs, hvis spilmuligheden er bedre end egen afslutning.

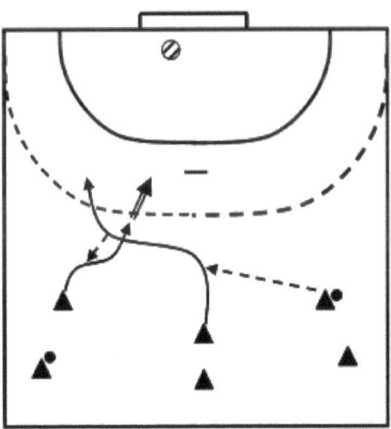

KRYDSØVELSE 16

CENTERKRYDS – LANGT 1

Organisering:
12 spillere, 1 målvogter og et antal bolde.

Tre spillere starter som forsvarsspillere på H2, midtfor og på V2. Midtforsvarsspilleren en anelse offensiv (omkring straffemarkeringen). Resten fordeler sig på VB-CT-HB. I eksemplet starter spillerne på venstre back med hver en bold.

Øvelsens forløb:
VB afleverer til CT, der angriber tæt på og svagt over mod egen højre side på midtforsvarsspilleren. HB rykker langt bag om hende og modtager bolden til hopskud mellem midtforsvarsspilleren og H2. VB rykker samtidigt ud for at trække H2 væk.

CT trækker ud som HB, HB som CT og VB tilbage på VB, hvorefter øvelsen startes op igen. Husk at skifte forsvarsspillere undervejs.

Øvelsen gennemføres 7 minutter med start fra VB, hvorefter øvelsen køres 7 minutter med start fra HB.

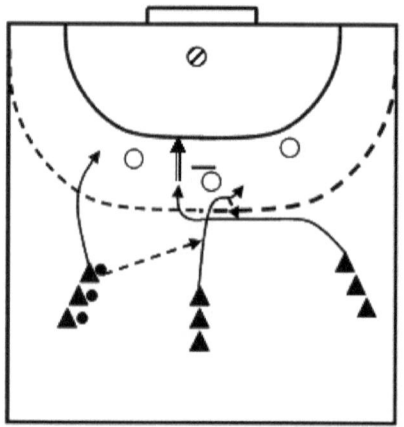

KRYDSØVELSE 17

CENTERKRYDS – LANGT 2

Organisering:
Minimum 2 spillere på henholdsvis VB, CT og HB. 2 tilspillere placeret på hver sin fløj.

Øvelsens forløb (med start fra HB – kan også starte fra VB):
HB afleverer til CT, der presser fremad og rykker mod egen venstre side til opkryds af VB, således at VB kan afslutte næsten midt for mål. Krydset til VB skal ske bredt i banen. I stedet for afslutning spiller VB langt til tilspiller 2 på HF. Tilspiller 2 afleverer videre til anden spiller på HB, der igen afleverer videre til VB og øvelsen starter forfra den modsatte vej rundt.

Efter kryds går CT bag i venstre backrække, VB bag i højre backrække og HB bag i centerrækken.

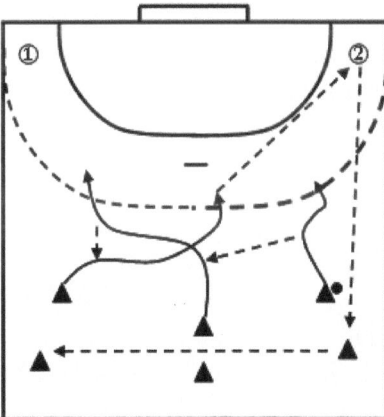

KRYDSØVELSE 18

CENTERKRYDS – MED VIDERESPIL

Organisering:
13 spillere, 1 målvogter og et antal bolde.

Tre spillere starter som forsvarsspillere på H2, midtfor og på V2. Midtforsvarsspilleren en anelse offensiv (omkring straffemarkeringen). Resten fordeler sig med tre på VB-CT-HB og en ST. I eksemplet starter spillerne på venstre back med hver en bold.

Øvelsens forløb:
VB afleverer til CT, der angriber tæt på og svagt over mod egen højre side på midtforsvarsspilleren. HB rykker langt bag om hende, modtager bolden, og fortsætter over på modsatte side af midtforsvarsspilleren. ST er placeret på inderside af H2. VB rykker udad, modtager bolden fra indrykkende HB og afleverer ind til ST, der afslutter. CT trækker ud som HB, HB som CT og VB tilbage på VB, hvorefter øvelsen startes op igen. Husk at skifte forsvarsspillere undervejs.

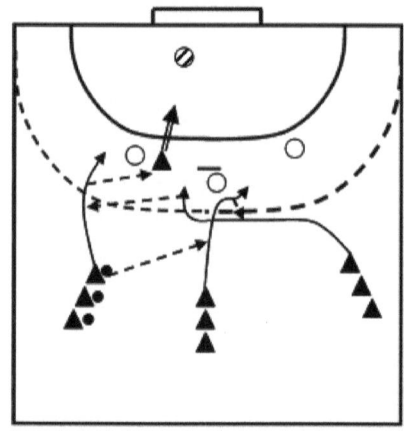

Øvelsen gennemføres 6 minutter med start fra VB, hvorefter øvelsen køres 6 minutter med start fra HB.

Variation:
Lad spillerne spille til den mest optimale afslutning ud fra øvelsens grundskabelon. Spillets udvikling er således bestemmende for om CT, HB, VB eller ST skal afslutte. Hvis variationen skal med, afvikles øvelsen med bunden ST-afslutning i 8 minutter (4 med opstart fra VB, respektive 4 med opstart fra HB), herefter køres variationen i 12 minutter – i alt 20 minutter.

KRYDSØVELSE 19

DET UENDELIGE KRYDS

Organisering:
Et antal spillere på henholdsvis VB og HB. Der skal bruges 1 bold.

Øvelsens forløb (med start fra HB – kan også startes fra VB):
De 2 backs krydser hele tiden hinanden op. Der krydses bag om spilleren med bolden. Der må dribles.

Fokuser først på afleveringen spillerne imellem, senere på, om de lægger et troværdigt pres mod forsvaret ("spiller spillet" og ligner en spiller, der vil afslutte).

Øvelsen gennemføres 5-8 minutter.

Variation:
Indsæt CT og kryds uendeligt ud fra 3 rækker.

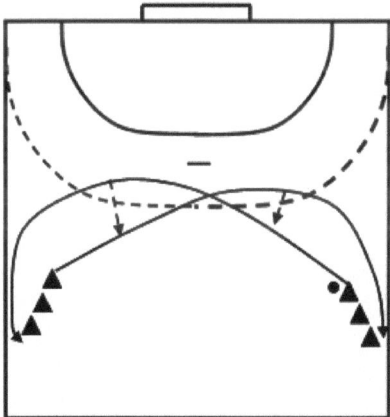

KRYDSØVELSE 20

DIAGONALT KRYDS

Organisering:
Minimum 2 spillere på henholdsvis VB, CT og HB. Der skal bruges 1 MV.

Øvelsens forløb (med start ved aflevering til VB – kan også starte ved aflevering til HB):
CT afleverer til VB, der rykker foran hende langt henover midten mod højre. Efter aflevering rykker CT bredt ud mod venstre side. VB afleverer til bagomrykkende HB i kryds. HB afslutter ind over midten, eller spiller videre til CT (ikke illustreret), der er rykket diagonalt med hende.

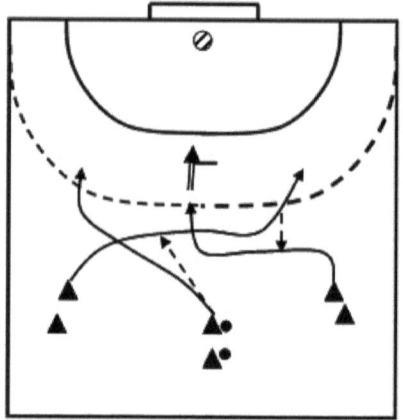

Øvelsen køres herefter modsat, således at HB rykker langt hen over midten mod venstre osv. Indsæt eventuelt forsvarsspillere for at presse angrebsspillerne senere i øvelsen.

Efter udførelse går VB bag i højre backrække, HB bag i centerrækken og CT bag i venstre backrække.

KRYDSØVELSE 21

FALSK BACKKRYDS

Organisering:
8-14 spillere, 1 målvogter og et antal bolde.

To spillere starter som forsvarsspillere på H2, respektive V2. Resten fordeler sig på VB-CT-HB. Spillerne på midten skal have en bold hver.

Øvelsens forløb:
I eksemplet startes med falsk kryds i venstre side. CT afleverer til HB, hvorefter hun løber fremad og trækker mod venstre – hun modtager bolden retur og afleverer til VB. VB presser på inderside af forsvarsspilleren (skal trække hende med indad), CT løber bag hende og inviterer til kryds – VB afleverer i stedet langt til HB, der presser på inderside af V2 og afslutter. Herefter startes øvelsen med opspil i højre side – osv....

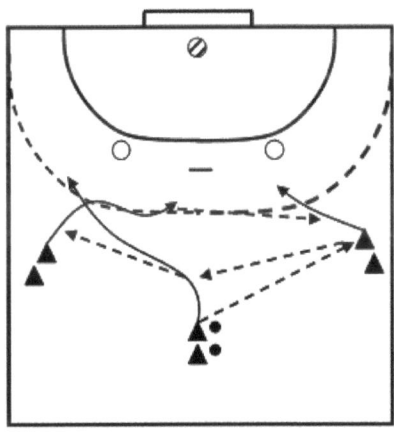

Husk at rokere på pladserne.

Øvelsen gennemføres 6-10 minutter, afhængigt af antal spillere.

Variation:
VB må vurdere om hun kan afslutte selv – eller aflevere til bagom rykkende CT.

KRYDSØVELSE 22

FLØJKRYDS 1

Organisering:
Minimum 2 spillere på henholdsvis VF, VB, CT, HB og HF.

Øvelsens forløb (med start fra VB – kan også starte fra HB):
VB afleverer til CT, presser fremad, modtager bolden retur og trækker udad i banen og krydser bagomrykkende VF op, der kommer ind over mod midten. Fløjen laver hopskudsaflevering til HB, der afleverer til anden spiller i centerrækken, og øvelsen kører forfra i modsatte side.

Efter krydset går fløj bag i backrækken og back bag i fløjrækken.

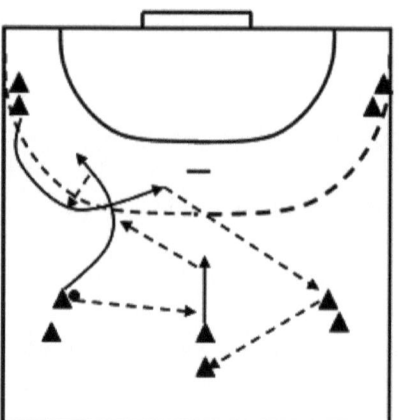

KRYDSØVELSE 23

FLØJKRYDS 2

Organisering:
Minimum 2 spillere på henholdsvis VF, VB, CT, HB og HF. Derudover 2 forsvarsspillere på hver sin fløj og 1 MV.

Øvelsens forløb (med start fra VB – kan også starte fra HB):
VB afleverer til CT, presser fremad, modtager bolden retur og trækker udad i banen og krydser bagomrykkende VF op, der kommer ind over mod midten. Fløjen spiller videre i pres til HB, der presser svagt udad og afleverer videre til HF, der afslutter mod mål.
Forsvarsspillerne skal starte passive, men gradvis lægge mere og mere pres på angrebsfløjene.

Herefter køres øvelsen modsat, med start fra HB og afslutning på VF.

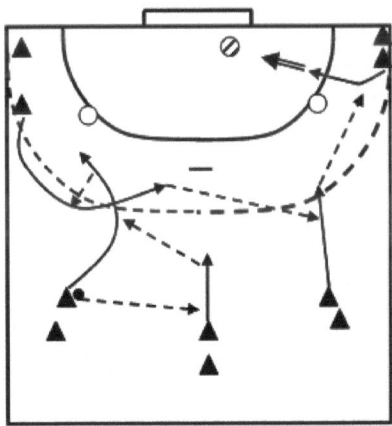

KRYDSØVELSE 24

HELSINGØRKRYDS

Organisering:
Minimum 2 spillere på henholdsvis VB, CT og HB. 2 "tilspillere" (VF og HF).

Øvelsens forløb (med start fra HB – kan også startes fra VB):
HB afleverer til CT, der presser fremad, rykker mod egen venstre side og afleverer til VB som i et normalt kryds. CT fortsætter sit løb ud under backen og modtager bolden retur. CT afleverer til VF, der igen afleverer videre til HF. HF afleverer til anden spiller på HB, der sender bolden via CT til VB, og øvelsen køres forfra modsat vej rundt.

Efter kryds går CT bag i venstre backrække, VB bag i højre backrække og HB bag i centerrækken.

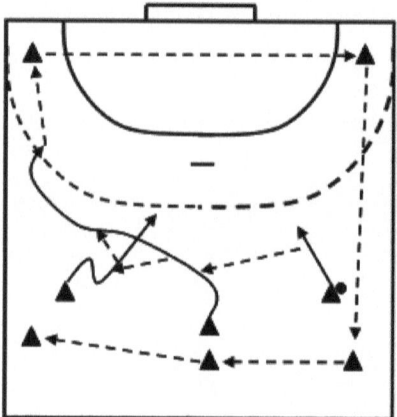

KRYDSØVELSE 25

KRYDS UDEN BOLD

Organisering:
Minimum 2 spillere på henholdsvis VB, CT og HB. Der skal ligeledes bruges 1 MV.

Øvelsens forløb (med start fra HB – kan også starte fra VB):
HB afleverer til CT, der presser fremad og afleverer retur til HB, der ligeledes presser fremad. Efter aflevering til HB, trække CT bredt ud mod venstre, VB krydser bag hende indover midten, modtager bolden fra HB og afleverer straks – i næsten samme bevægelse – videre til CT til afslutning respektive gennembrud.

Krydset uden bold gennemføres i eksemplet mellem CT og VB.

Der kan indsættes forsvarsspillere for at gøre øvelsen mere kamprealistisk, ligesom der kan udbygges med ST, der dels kan være passivt screenende for CT, dels indgå aktivt med indspil til afslutning.

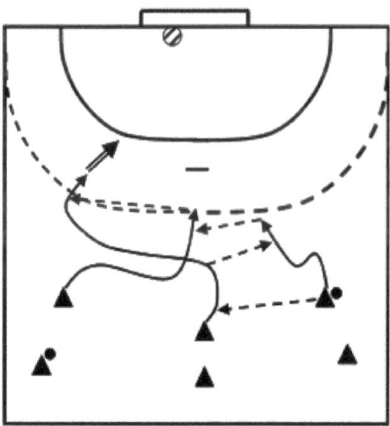

KRYDSØVELSE 26

KRYDS BAGOM

Organisering:
Spillerne er sammen i 3-mandshold. Hvert 3-mandshold skal bruge 1 bold.

Spillerne fordeler sig i 3 rækker omkring målcirklen. En fra hvert hold i hver række. Afstand mellem rækkerne cirka 3 meter.

Øvelsens forløb:
Spiller 2 starter med bolden. Hun afleverer til Spiller 3, der er i løb fremad. Når Spiller 2 har afleveret til Spiller 3, løber hun bagom hende og forsætter sit løb fremad.
Spiller 3 afleverer til Spiller 1, der begyndte sit løb samtidigt med Spiller 3. Efter aflevering løber Spiller 3 bagom Spiller 1 og fortsætter i Spiller 1's bane. Spiller 1 afleverer til Spiller 3, løber bagom Spiller 2 – og så videre.

Spillerne skal afpasse tempo, så krydsene kan gennemføres optimalt.

Øvelsen gennemføres 8 minutter.

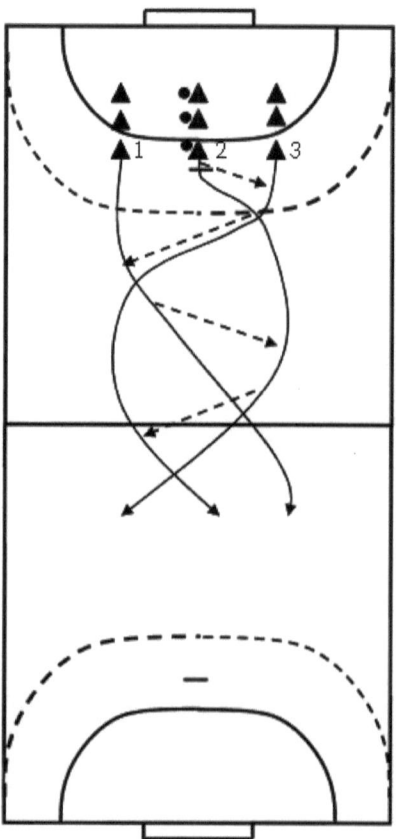

KRYDSØVELSE 27

KRYDS FOR OM

Organisering:
Spillerne er sammen i 3-mandshold. Hvert 3-mandshold skal bruge 1 bold.

Spillerne fordeler sig i 3 rækker omkring målcirklen. En fra hvert hold i hver række. Afstand mellem rækkerne cirka 3 meter.

Øvelsens forløb:
Spiller 2 starter med bolden. Hun afleverer til Spiller 3, som løber skråt fremad mod midten. Når Spiller 2 har afleveret bolden, løber hun hurtigt for om Spiller 3.
Spiller 3 afleverer til Spiller 1, der løber mod midten. Efter aflevering løber hun for om Spiller 1, der afleverer til Spiller 2 og løber for om – og så videre.

Spillerne skal afpasse tempo, så krydsene kan gennemføres optimalt.

Øvelsen gennemføres 8 minutter.

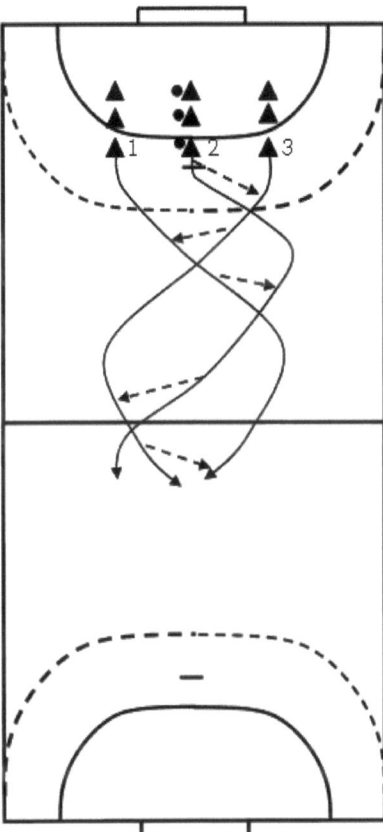

KRYDSØVELSE 28

KRYDSKAMP!

Organisering:
2 hold med 7 spillere, 2 målvogtere og 2 bolddepoter med rigeligt bolde.

Spillerne på de 2 hold fordeler sig på VB respektive HB på hver deres banehalvdel. En forsvarsspiller fra hvert hold starter på den banehalvdel, hvor det andet hold skal afslutte. Hvert hold har et bolddepot placeret omkring midten af banen.

Øvelsens forløb:
De 2 backrækker på hvert hold, symboliseret i eksemplet ved henholdsvis sorte og skakternede spillere, skal efter kryds forsøge at score mål. Modstanderholdet placerer en forsvarsspiller i modstanderholdets 3M-felt, der skal forsøge at forhindre scoring. Forsvarsspilleren må ikke tackle, kun lægge parader. Der skal afsluttes fra 3M-linjen, alt indover 3M-linjen betragtes som overtrådt og eventuel scoring annulleres.

De to hold må bytte deres forsvarsspiller ud undervejs.

Det hold, der først scorer 30 mål, har vundet dysten.

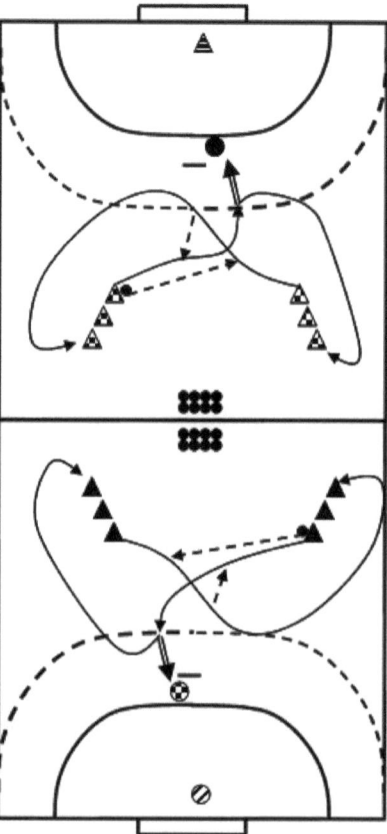

KRYDSØVELSE 29

Organisering:
6-12 spillere, 1 målvogter, 1 "official" (træner eller MV nr. 2), 2 kegler og et antal bolde.

"Officialen" står midt for mål på 3M-linjen. To kegler stilles midt imellem HB og CT, respektive CT og VB. Spillerne fordeler sig på VB-CT-HB. Spillerne på backs skal have en bold hver. Se illustration. I eksemplet startes fra HB.

Øvelsens forløb:
HB dribler ind til 3M-linjen og langs denne mod venstre. Samtidig løber CT ind til "officialen" og klapper hende i hånden, løber baglæns ud og runder keglen i højre side, hvorefter hun modtager bolden i kryds fra HB til afslutning fra 3M-linjen. Herefter startes øvelsen op i den anden side – osv.

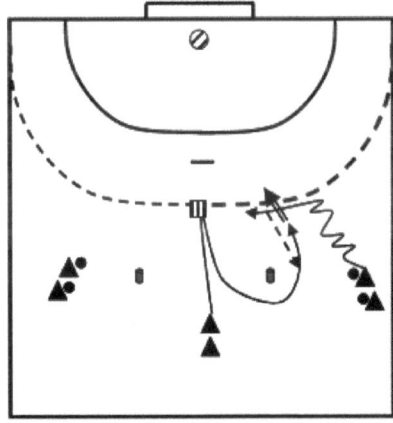

Indbyrdes timing mellem driblende back og CT er vigtig. Man kan eventuelt lade CT starte lidt før back eller regulere på afstanden til keglerne, hvis det giver problemer at nå at krydse – ofte er backen lidt for hurtig…

Husk at rokere på pladserne.

Øvelsen afvikles 6-10 minutter, afhængigt af antal spillere.

KRYDSØVELSE 30

Organisering:
6-12 spillere, 1 målvogter, 2 kegler og 2 bolddepoter med rigeligt med bolde.

Opstilling som på illustrationen: To kegler stilles cirka 2 meter fra 3M-linjen ud for hver sin målstolpe. En spiller på hver fløj med et bolddepot – resten fordeler sig på begge backs (ikke bredt i banen). I eksemplet startes med opspil fra VF.

Øvelsens forløb:
VF afleverer til VB, der løber for om keglen i sin side, og derefter rundt om den næste – samtidig rykker HB bag om hende, modtager bolden i kryds og presser på. Herefter afleverer hun sidelæns til VB, der afslutter ved hopskud fra 3M-linjen. Herefter starter HF øvelsen op fra højre side – osv.
Timing mellem de to backs er vigtig – temposkifte undervejs er nødvendig.

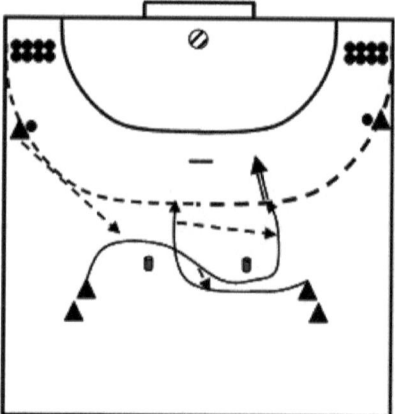

Øvelsen gennemføres 6-10 minutter, afhængigt af antal spillere.

KRYDSØVELSE 31

Organisering:
5-11 spillere, 1 målvogter, 2 kegler og et antal spillere.

To kegler stilles på 3M-linjen ud for hver sin målstolpe. En spiller starter imellem dem som forsvarsspiller. Resten fordeler sig på to rækker ud for hver kegle. Spillerne i den ene række skal have en bold hver.

Øvelsens forløb:
I eksemplet starter spillerne i højre række med bolden.
De to første spillere i hver række afleverer 3 gange hurtigt frem og tilbage, inden de starter. På den 3. aflevering trækker spilleren i højre række skråt ned foran spilleren i den venstre række. Hun modtager bolden, hvorefter spilleren i venstre række krydser bag hende og modtager bolden retur med hurtig sidehåndsaflevering. Der afsluttes med hopskud over forsvarsspillerens parade – hvorefter øvelsen startes forfra.

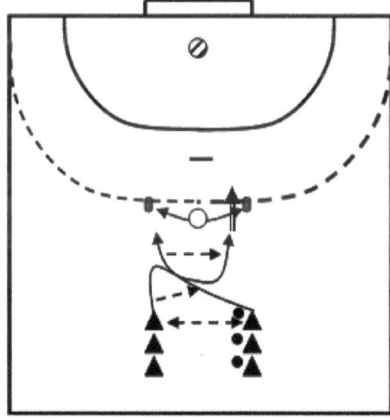

Forsvarsspilleren arbejder med sidebevægeler mellem keglerne; hun følger afleveringerne mellem de to spillere. Der lægges parade, hun må ikke tackle på angrebsspilleren. Husk at vende øvelsen, så spillerne i venstre række starter med bolden, og husk at rokere på pladserne.

Øvelsen gennemføres 6-10 minutter, afhængigt af antal spillere.

KRYDSØVELSE 32

Organisering:
6-12 spillere, 1 målvogter, 2 kegler og et antal bolde.

To kegler stilles midt imellem HB og CT, respektive CT og VB. Spillerne fordeler sig på VB-CT-HB. Spillerne på backs skal have en bold hver. Se illustration. I eksemplet startes fra HB.

Øvelsens forløb:
HB dribler ind til 3M-linjen og langs denne mod venstre. Samtidig løber CT cirka en meter fremad, løber baglæns ud og runder keglen i højre side, hvorefter hun modtager bolden i kryds fra HB til afslutning fra 3M-linjen. HB fortsætter sit løb rundt om keglen i venstre side; samtidig dribler VB fremad på samme måde som HB gjorde, og afleverer til HB i kryds. HB afslutter.

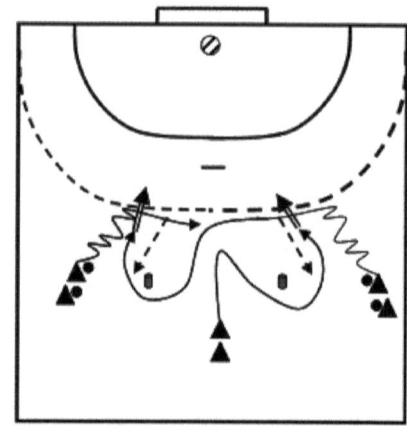

CT løber bag i rækken på venstre back – HB bag i rækken på højre – og VB bag i rækken på midten.

Herefter startes øvelsen op i den anden side – osv. Husk at rokere på pladserne.

Øvelsen afvikles 6-10 minutter, afhængigt af antal spillere.

KRYDSØVELSE 33

Organisering:
Minimum 9 spillere (af hensyn til flowet i øvelsen), gerne flere og 1 bold.

En spiller (eventuelt en målvogter eller træner) stiller sig mellem straffemarkering og 3M-linjen lige midt for mål.

Resten placerer sig ligeligt fordelt på hver sin back. Ikke for bredt. Første spiller i den ene rækker starter med bolden – i eksemplet på illustrationen HB.

Øvelsens forløb:
Spilleren med bold krydser første spiller i rækken på venstre back op ind over midten. Krydset skal afvikles lige foran den passive spiller ved 3M-linjen, der blot agere "fyrtårn". Herefter kommer næste spiller på højre back hurtigt efter, så hun kan krydse med den spiller fra venstre back, der lige har fået bolden – og så videre.

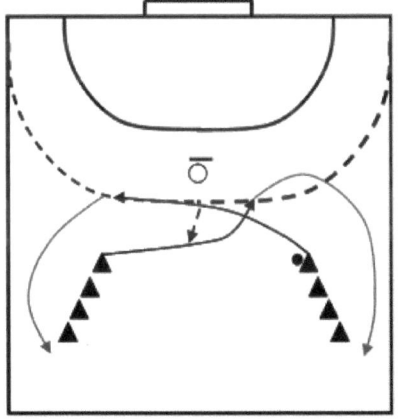

Der skal med andre ord afvikles kryds mellem backs i et hurtigt, glidende flow.

Hvis markeringsspilleren ("fyrtårnet") er en spiller, så husk at rokerer.

Øvelsen afvikles til der er et godt flow, hvor bolden "bare kører" og ikke tabes for tit. Men ikke længere end 5-6 minutter af hensyn til spillernes koncentration.

KRYDSØVELSE 34

Organisering:
Spillerne er sammen i 3-mandshold. Hvert 3-mandshold skal bruge 1 bold.

Øvelsens forløb:
Spillerne løber rundt på banen, mens de udfører kryds.

Spiller 1 krydser med Spiller 2, der afleverer til Spiller 3. Herefter krydser Spiller 3 med Spiller 1 og afleverer til Spiller 2, der igen krydser med Spiller 3, der afleverer til Spiller 1 – og så videre.

Øvelsen gennemføres 6 minutter.

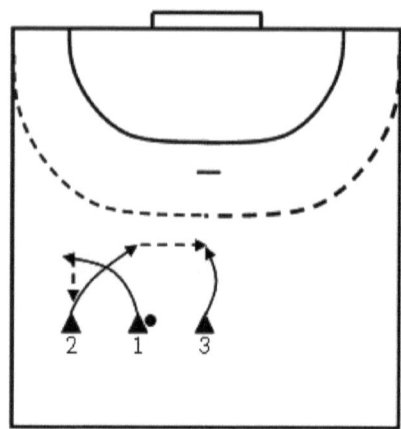

KRYDSØVELSE 35

ENKELTKRYDS 1

Organisering:
9 spillere, 1 målvogter og et antal bolde.

Spillerne starter fordelt på VB, CT og HB. Spillerne i backrækkerne skal have en bold hver. I eksemplet startes fra VB.

Øvelsens forløb:
VB afleverer til CT, der presser frem og ned foran VB. VB krydser bagom CT og modtager bolden til afslutning indover midten.

Efter afslutning går VB bag i centerrækken, CT bag i venstre backrækken.

Herefter gentages øvelsen med start fra HB – og så videre.

Variation:
Der kan eventuelt indsættes 3 aktive forsvarsspillere på H2-MF-V2 for at presse angrebsspillerne.

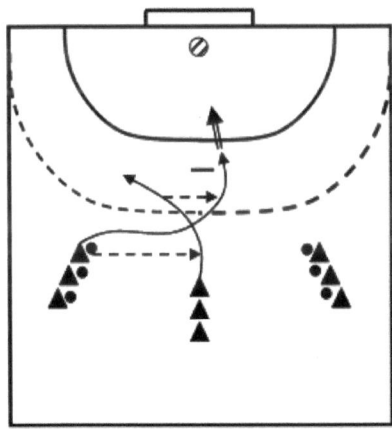

KRYDSØVELSE 36

ENKELTKRYDS 2

Organisering:
9 spillere, 1 målvogter og et antal bolde.

To spillere på VB respektive HB, fem spillere med hver en bold på CT. I eksemplet startes med aflevering til VB.

Øvelsens forløb:
CT afleverer til VB, der presser ind over midten, for om CT. CT krydser bag VB og modtager bolden til afslutning fra backpositionen, tæt under 3M-linjen.

Efter afslutning går CT bag i venstre backrække, VB bag i centerrækken.

Herefter gentages øvelsen med start ved aflevering til HB.

Variation:
Der kan eventuelt indsættes 2 aktive forsvarsspillere på H2 og V2 for at presse angrebsspillerne.

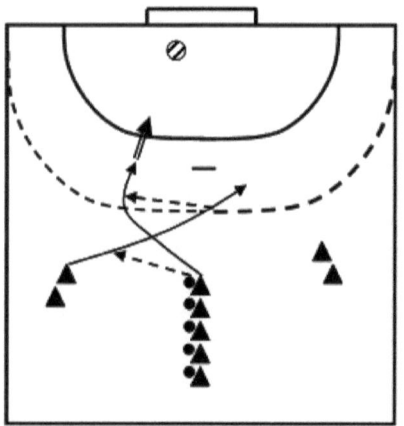

KRYDSØVELSE 37

ENKELTKRYDS 3

Organisering:
9 spillere, 1 målvogter og et antal bolde.

Fire spillere på VB respektive HB, en spiller med et bolddepot på CT. I eksemplet startes med aflevering til VB.

Øvelsens forløb:
CT afleverer til VB, der presser ind over midten. HB krydser langt bag VB og modtager bolden til afslutning fra modsatte backposition, tæt under 3M-linjen.

Efter afslutning går HB bag i venstre backrække, VB bag i højre backrække.

Herefter gentages øvelsen med start ved aflevering til HB.

Variation:
Der kan eventuelt indsættes 2 aktive forsvarsspillere på H2 og V2 for at presse angrebsspillerne.

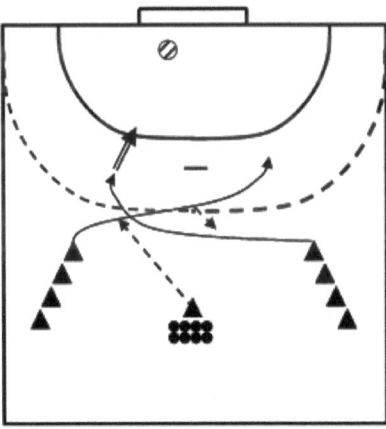

KRYDSØVELSE 38

DOBBELTKRYDS

Organisering:
9 spillere, 1 målvogter og et antal bolde.

Spillerne starter fordelt på VB, CT og HB. Spillerne i centerrækken skal have en bold hver. I eksemplet startes med aflevering til HB.

Øvelsens forløb:
CT afleverer til HB, der løber langt ind over midten mod modsatte backposition. VB krydser bag om HB, ligeledes langt ind over midten til modsatte backposition. CT løber direkte på og modtager bolden fra VB til afslutning.

Herefter gentages øvelsen med start ved aflevering til VB.

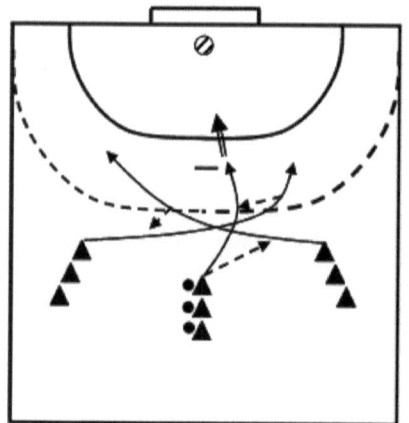

Variation:
Der kan eventuelt indsættes 3 aktive forsvarsspillere på H2-MF-V2 for at presse angrebsspillerne.

KRYDSØVELSE 39

TREDOBBELT KRYDS 1

Organisering:
6 spillere og 1 bold.

Spillerne er fordelt på VF-VB-CT-HB-HF-ST. I eksemplet starter bolden hos VB.

Øvelsens forløb:
Der spilles grundspil med 3 kryds:

1. kryds:
VB afleverer til ST, der rykker op til 3M-linjen og ud mod VF. VF løber langs 3M-linjen langt ind over midten, og modtager undervejs bolden fra ST (næsten som i et kryds). ST rykker ud som ny VF, VF ind som ny ST.

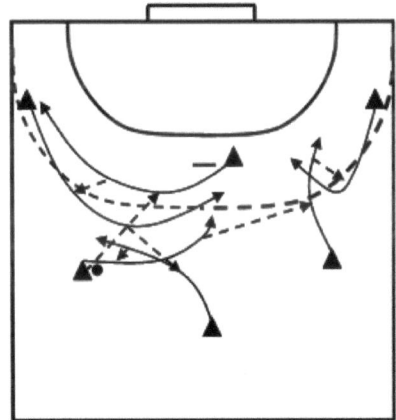

2. kryds:
ST afleverer til CT, der krydser VB op – VB trækker ind over midten og afleverer til HB. VB rykker ud som ny CT, CT over som ny VB.

3. kryds:
HB krydser HF op, der kommer indover midten og afleverer til VB. HB og HF bytter position.

Bolden er nu hos VB, der starter forløbet op igen. Husk ligeledes at afvikle øvelsen med opstart fra HB.

Variation:
Indsæt en målvogter og et antal (først passive – senere mere aktive) forsvarsspillere og indlæg afslutninger, når muligheden foreligger.

KRYDSØVELSE 40

TREDOBBELT KRYDS 2

Organisering:
7 spillere, 1 målvogter og et antal bolde.

Spillerne er fordelt på VF-VB-CT-HB-HF-ST. I eksemplet starter bolden hos VB.

Øvelsens forløb:
Der spilles grundspil med 3 kryds, afsluttende med indspil til ST-afslutning:

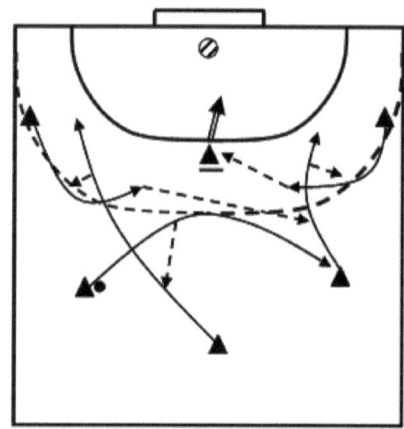

1. kryds:
VB presser mod 3M-linjen midt for mål og afleverer til bagomrykkende CT, der presser helt ned mod VF. VB fortsætter over på HB.

2. kryds:
CT krydser VF op, der rykker ind over midten (cirka mod H2's position). CT rykker ud som ny VF – VF rykker ud som ny VB.

3. kryds:
VF afleverer til HB, der presser ind og krydser HF op bag om hende. HF afleverer ned til ST, der afslutter. HF fortsætter ud som ny CT, HB ud som ny HF.

VB starter op forfra. Husk ligeledes at afvikle øvelsen med opstart fra HB.

Variation:
Indsæt et antal (først passive – senere mere aktive) forsvarsspillere og indlæg afslutninger fra andre positioner, når muligheden foreligger.

KRYDSØVELSE 41

FIREDOBBELT KRYDS

Organisering:
5 spillere, 1 målvogter og et antal bolde.

Spillerne er fordelt på VF-VB-CT-HB-HF. I eksemplet starter bolden hos CT.

Øvelsens forløb:
Der spilles grundspil med 4 kryds, i eksemplet afsluttende med afslutning fra VF:
1. kryds:
CT rykker langt ud mod HF og krydser bagomrykkende HB op. HB løber langt indover – helt over til VF. CT rykker ud som ny HF – HB rykker ud som ny VF.

2. kryds:
HB afleverer til VB, der er rykket bagom hende ind over midten. VB rykker ud som ny HB.

3. kryds:
VB afleverer til HF, der rykker hele vejen over til H2's position. HF rykker over som ny VF.

4. kryds:
VF løber ind over langs 3M-linjen, bagom indrykkende HF, og modtager bolden fra HF til afslutning indover H3. VF trækker efter afslutning ud som CT og starter fra denne position øvelsen op igen.

Husk ligeledes at afvikle øvelsen med opstart ved aflevering til VB.

Variation:
Indsæt et antal (først passive – senere mere aktive) forsvarsspillere og indlæg afslutninger fra andre positioner, når muligheden foreligger.

KRYDSØVELSE 42

Organisering:
14 spillere, 1 målvogter, 5 kegler og rigeligt med bolde.

For fuld afvikling af øvelsen kræves 14 spillere og en målvogter. Med et mindre antal kan man eventuelt vælge kun at afvikle øvelsen i den ene side (og huske at skifte side undervejs).

Fem kegler opstilles som på illustrationen. Fire spillere starter som forsvarsspillere, sammen parvis mellem de tre kegler ved målfeltet. Forsvarsspillerne danner par som H2-H3 og V3-V2. Der skal være en angrebsstreg sammen med hvert forsvarspar.

Der skal være en spiller på hver fløj, sammen med rigeligt med bolde. Fløjspillerne er alene tilspillere. To spillere starter på center, resten fordeler sig på backs.

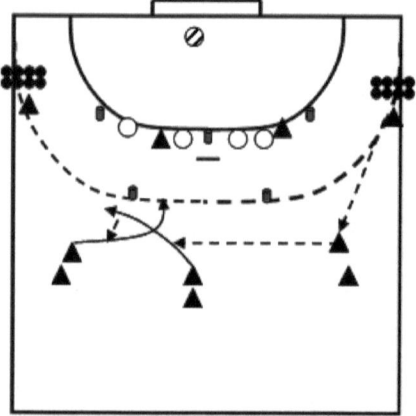

Øvelsens forløb:
I eksemplet startes fra HF. Hun afleverer til HB, der straks afleverer videre til CT. CT modtager bolden i bevægelse og krydser VB op omkring keglen på 3M-linjen i samme side. VB skal enten afslutte (på inderside af keglen, men "blive i samme side"), eller afleverer til ST, der arbejder sig i gunstig position, alternativt lægger brugbar screening for back. Back må ikke foretage gennembrud.

Efter afslutning respektive indspil fra VB, starter VF øvelsen fra modsatte side – og så videre.

Man kan eventuelt lade back og center bytte plads, så center går på back i den side, hvor krydset sker og back på center. Men vær opmærksom på, at de ikke går i vejen for øvelsens videre forløb.

Husk at rokere forsvarspositionerne og eventuelt på strege.

Øvelsen gennemføres til alle backs har haft 15-20 afslutninger, respektive indspil.

KRYDSØVELSE 43

OTTETALSLØB MED KRYDS

Organisering:
Spillerne er sammen i 5-mandshold. Hvert 5-mandshold skal bruge 1 bold og 4 kegler.

4 kegler opstilles i et rektangel på cirka 2 x 8 meter. 3 spillere tager opstilling ved den ene kegle, 2 ved den anden, som vist på illustrationen. Første spiller i 3-mandsrækken starter med bolden.

Øvelsens forløb:
Spiller 1 løber frem, Spiller 2 krydser bag hende og modtager bolden, hvorefter Spiller 3 løber bag Spiller 2 og modtager bolden i kryds. Spiller 4 krydser bag Spiller 3, modtager bolden – og så videre. Spillerne skal løbe uden om keglerne bag i modsatte række efter krydset.

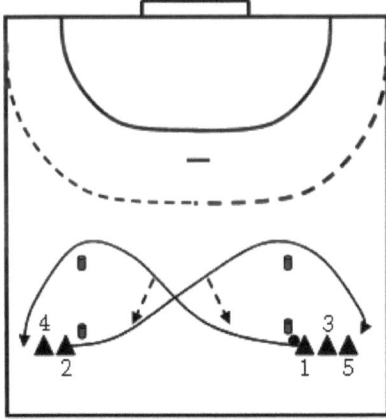

Der kan arbejdes med
- almindelige afleveringer
- sidehåndsafleveringer
- "tom-hånds" afleveringer
- hopskudsafleveringer

Øvelsen gennemføres 6-8 minutter.

KRYDSØVELSE 44

FLØJKRYDS MED VARIATIONER – GRUNDOPSPILLET

Angrebsåbningen kan afvikles med start ved fløjkryds i begge sider. I eksemplet på illustrationen startes med, at VF krydser med VB.

- ST starter mellem V3 og H3
- Efter grundspil (ikke illustreret) fra HF til CT, afleverer CT til VB
- VB rykker ud mod VF og afleverer til VF, der krydser bag om hende
- Når VF krydser med VB rykker ST på ydersiden af H3
- VF kan nu:
    1. Afslutte selv
    2. Aflevere ind til ST

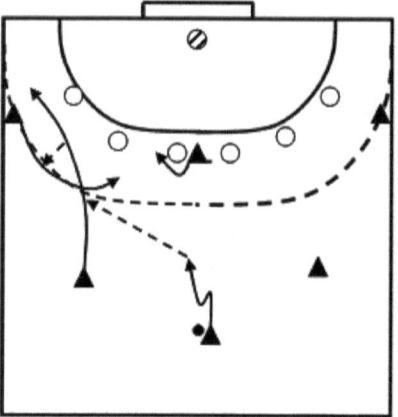

KRYDSØVELSE 45

FLØJKRYDS MED VARIATION VARIATION – FLØJ/BACK OPSPIL

Angrebsåbningen kan afvikles med start ved fløjkryds i begge sider. I eksemplet på illustrationen startes med, at VF krydser med VB.

- ST starter mellem V3 og H3
- Efter grundspil (ikke illustreret) fra HF til CT, afleverer CT til VB
- VB rykker ud mod VF og afleverer til VF, der krydser bag om hende
- VF afleverer videre til HB, der presser direkte mod V2
- ST rykker på ydersiden af V3
- HB kan nu:
    1. Afslutte selv
    2. Aflevere ind til ST
    3. Spille videre i pres til HF

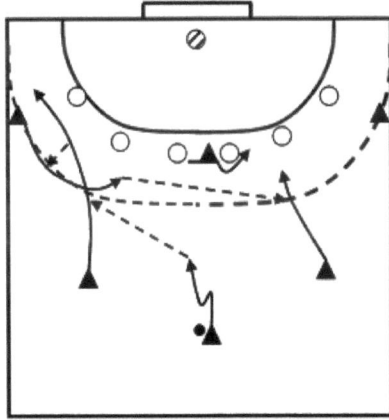

KRYDSØVELSE 46

FLØJKRYDS MED VARIATION VARIATION – KRYDS OG INDLØB

Angrebsåbningen kan afvikles med start ved fløjkryds i begge sider. I eksemplet på illustrationen startes med, at VF krydser med VB.

- ST starter mellem V3 og V2
- Efter grundspil (ikke illustreret) fra HF til CT, afleverer CT til VB
- VB rykker ud mod VF og afleverer til VF, der krydser bag om hende, helt ind og presser på H3
- VF afleverer videre til HB, der presser svagt indad på V2
- ST rykker på yderside af V3
- HB afleverer videre til HF, der er trukket dybt, men nu løber på indvendig side af V1 og modtager bolden fra HB til afslutning

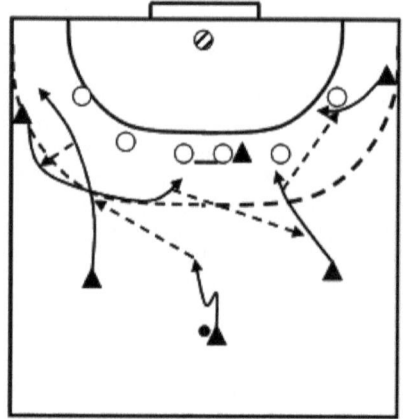

KRYDSØVELSE 47

FLØJKRYDS MED VARIATION VARIATION – KRYDS OG OVERGANG 1

Angrebsåbningen kan afvikles med start ved fløjkryds i begge sider. I eksemplet på illustrationen startes med, at VF krydser med VB.

- ST starter på ydersiden af V3
- Efter grundspil (ikke illustreret) fra HF til CT, afleverer CT til VB
- VB rykker ud mod VF og afleverer til VF, der krydser bag om hende
- VF afleverer videre til HB, der presser udad på V2
- VF fortsætter sit løb over midten og modtager bolden retur fra HB til gennembrud mellem V3 og V2 (rundt om ST's screening)

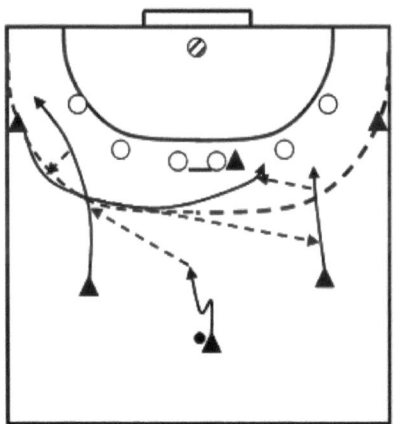

Krydsøvelse 48

FLØJKRYDS MED VARIATION VARIATION – KRYDS OG OVERGANG 2

Angrebsåbningen kan afvikles med start ved fløjkryds i begge sider. I eksemplet på illustrationen startes med, at VF krydser med VB.

- ST starter på ydersiden af V3
- Efter grundspil (ikke illustreret) fra HF til CT, afleverer CT til VB
- VB rykker ud mod VF og afleverer til VF, der krydser bag om hende
- VF afleverer videre til HB, der presser indvendigt på V2
- VF fortsætter sit løb over midten, bag om HB, og modtager bolden retur fra HB til gennembrud udvendigt på V2

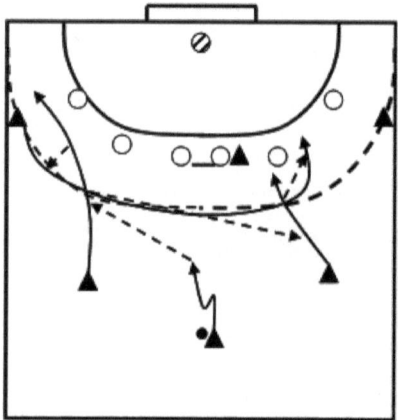

KRYDSØVELSE 49

FLØJKRYDS MED VARIATION VARIATION – KRYDS OG OVERGANG 3

Angrebsåbningen kan afvikles med start ved fløjkryds i begge sider. I eksemplet på illustrationen startes med, at VF krydser med VB.

- ST starter mellem V3 og V2
- Efter grundspil (ikke illustreret) fra HF til CT, afleverer CT til VB
- VB rykker ud mod VF og afleverer til VF, der krydser bag om hende
- VF afleverer til HB, der rykker ud mod højre og afleverer til HF, der krydser bag om hende, langt ind over midten (angriber ind mod V3)
- Efter aflevering til HB, bliver VF stående omkring H2.
- I det øjeblik HF når ind omkring V3, rykker VF meget hurtigt bag om hende
- HF kan nu:
    1. Afslutte selv
    2. Aflevere til bagomrykkende VF til hendes gennembrud på yderside af V2 (illustreret), alternativt indspil til ST
    3. Aflevere ind til ST

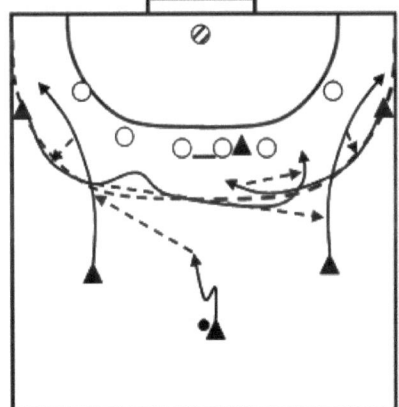

KRYDSØVELSE 50

FLØJKRYDS MED VARIATION VARIATION – KRYDS OG OVERGANG 4

Angrebsåbningen kan afvikles med start ved fløjkryds i begge sider. I eksemplet på illustrationen startes med, at VF krydser med VB.

- ST starter på ydersiden af V3
- Efter grundspil (ikke illustreret) fra HF til CT, afleverer CT til VB
- VB rykker ud mod VF og afleverer til VF, der krydser bag om hende
- VF afleverer til HB, der rykker ud mod højre og afleverer til HF, der krydser bag om hende, og angriber ind mod V2
- Efter aflevering til HB, bliver VF stående omkring H3
- I det øjeblik HF krydser med HB, rykker VF meget hurtigt ned rundt om ST's screening og modtager bolden fra HF til gennembrud

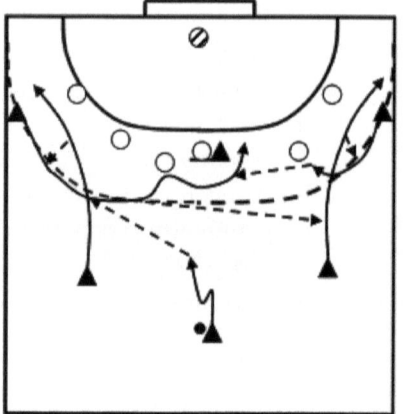

KRYDSØVELSE 51

FLØJKRYDS MED VARIATION VARIATION – KRYDS OG OVERGANG 5

Angrebsåbningen kan afvikles med start ved fløjkryds i begge sider. I eksemplet på illustrationen startes med, at VF krydser med VB.

- ST starter mellem V3 og H3
- Efter grundspil (ikke illustreret) fra HF til CT, afleverer CT til VB
- VB rykker ud mod VF og afleverer til VF, der krydser bag om hende
- VF afleverer til HB, der rykker ud mod højre og afleverer til HF, der krydser bag om hende, og angriber ind mellem V2 og V3
- Efter aflevering fortsætter VF ned mellem V3 og V2
- Efter HF's kryds med HB presser CT ind mellem H3 og H2.
- HF afleverer til CT, der bryder igennem (VF's overgang tager fokus fra CT's indryk)

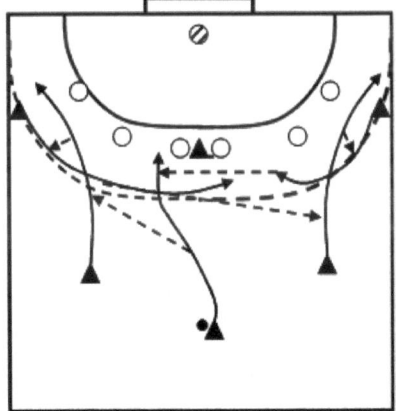

KRYDSØVELSE 52

FLØJKRYDS MED VARIATION VARIATION – KRYDS OG KRYDS 1

Angrebsåbningen kan afvikles med start ved fløjkryds i begge sider. I eksemplet på illustrationen startes med, at VF krydser med VB.

- ST starter på ydersiden af V3
- Efter grundspil (ikke illustreret) fra HF til CT, afleverer CT til VB
- VB rykker ud mod VF og afleverer til VF, der krydser bag om hende og angriber på indersiden af H2
- VF afleverer til HB, der rykker ud mod højre og afleverer til HF, der krydser bag om hende, og angriber ind mellem V2 og V3
- HF kan nu:
    1. Afslutte selv ved hopskud
    2. Aflevere ind til ST

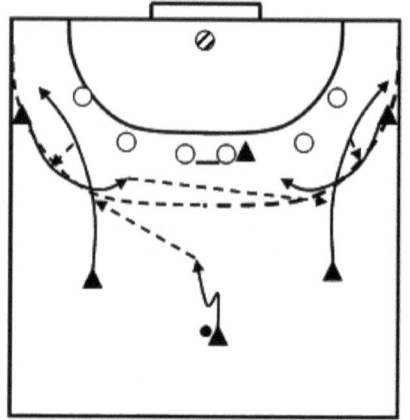

KRYDSØVELSE 53

FLØJKRYDS MED VARIATION VARIATION 9 – KRYDS OG KRYDS 2

Angrebsåbningen kan afvikles med start ved fløjkryds i begge sider. I eksemplet på illustrationen startes med, at VF krydser med VB.

- ST starter mellem H3 og V3
- Efter grundspil (ikke illustreret) fra HF til CT, afleverer CT til VB
- VB rykker ud mod VF og afleverer til VF, der krydser bag om hende og angriber på indersiden af H2
- VF afleverer langt til HB, der presser indvendigt på V2
- ST rykker, samtidigt med VF's aflevering til HB, på ydersiden af V3
- CT trækker bredt mod højre og angriber ind mellem V2 og V1, hvor hun modtager bolden fra HB til gennembrud, alternativt videre pres ud mod HF

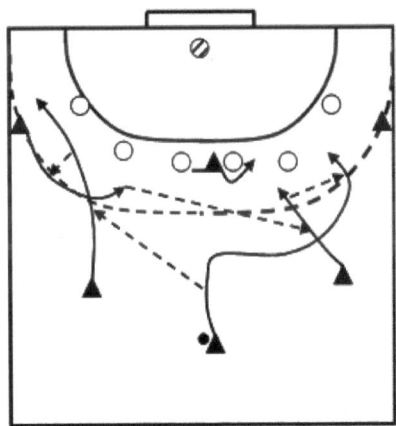

KRYDSØVELSE 54

FRANSK KRYDS

Angrebsåbningen kan afvikles med start i begge sider – i eksemplet på illustrationen afvikles med start fra HB.

- HB starter med bolden.
- ST starter midt i mellem V3 og H3.
- På aflevering fra HB presser CT mod venstre, ned foran VB, som om hun vil krydse med hende.
- I stedet spilles retur til HB, der stempler frem.
- VB krydser bag CT uden bold ind over midten, og modtager bolden fra HB til hopskud over ST, der sætter en brugbar screening midt for mål.

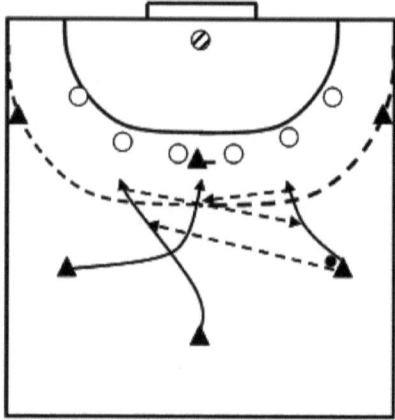

KRYDSØVELSE 55

FRANSK KRYDS, SNYDE-FRANSK

Angrebsåbningen kan afvikles med start i begge sider – i eksemplet på illustrationen afvikles med start fra HB.

- HB starter med bolden.
- ST starter midt i mellem V3 og H3.
- På aflevering fra HB presser CT mod venstre, ned foran VB, som om hun vil krydse med hende.
- I stedet afleverer CT retur til HB, der stempler frem.
- VB krydser bag CT uden bold ind over midten.
- HB afleverer til CT, der kan:
    1. Afslutte selv ved gennembrud mellem H2 og H3
    2. Aflevere til ST
    3. Aflevere videre til VF i oppres

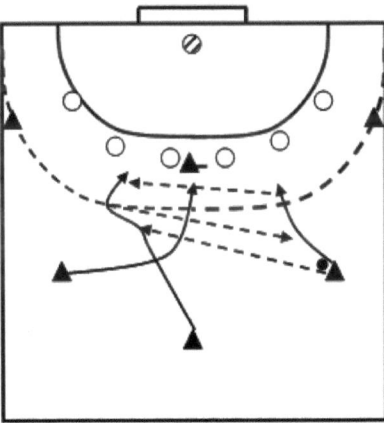

Det er en forudsætning for afvikling af denne angrebsåbning, at holdet først har forsøgt sig et par gange med "Fransk kryds", hvor VB afslutter, alternativt afleverer til ST, således at forsvaret tror, at det endnu engang er VB, der modtager bolden som sidste eller næstsidste station.

KRYDSØVELSE 56

FRANSK KRYDS, UDVIDET

Angrebsåbningen kan afvikles med start i begge sider – i eksemplet på illustrationen afvikles med start fra venstre side.

- VF starter med bolden.
- ST starter midt i mellem V3 og H3.
- VF afleverer til VB, der afleverer videre til CT.
- CT presser mod venstre, ned foran VB, som om hun vil krydse med hende.
- I stedet afleverer CT retur til HB, der stempler frem.
- VB krydser bag CT uden bold ind over midten.
- HB afleverer til CT, der kan:
    1. Afslutte selv ved gennembrud mellem H2 og H3
    2. Aflevere til ST
    3. Aflevere videre til VF i oppres

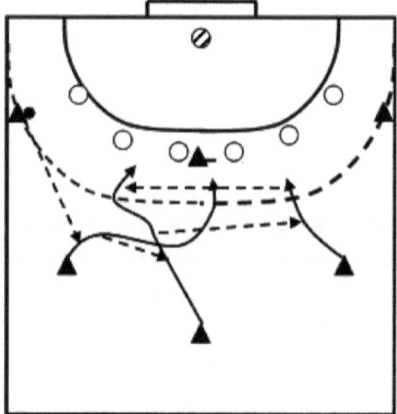

KRYDSØVELSE 57

FRANSK KRYDS PÅ FLØJ

Angrebsåbningen kan afvikles i begge sider – i eksemplet på illustrationen afvikles i venstre side.

- CT starter med bolden.
- ST starter på inderside af H2.
- CT afleverer langt til VB, der presser udad mod fløjen.
- VF krydser bag hende, men VB afleverer ikke til hende, men i stedet skråt bagud til CT, der er trukket mod højre.
- CT afleverer til VF til hopskudsafslutning over ST (mellem H2 og H3).
- ST rykker over og sætter screening på yderside af V3.
- Hvis V2 kommer frem til VF, afleverer hun ind til ST.

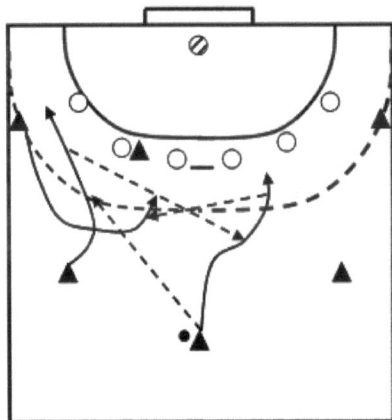

KRYDSØVELSE 58

KORT SVENSK KRYDS

Angrebsåbningen kan afvikles med start i begge sider – i eksemplet på illustrationen afvikles med start fra højre side.

- HF starter med bolden.
- ST starter på yderside af V3.
- HF afleverer til HB, der trækker langt ind over midten og krydser med VB midt for mål.
- Samtidig er CT trukket bag om HB ud mod højre, hvor hun modtager bolden fra VB.
- HF trækker svagt udad.
- CT er nu alene mand-mand mod V2 og kan
     1. søge eget gennembrud
     2. fortsætte presset ud mod højre
     3. aflevere til ST
     4. aflevere til VB, der smutter rundt om ST's screening

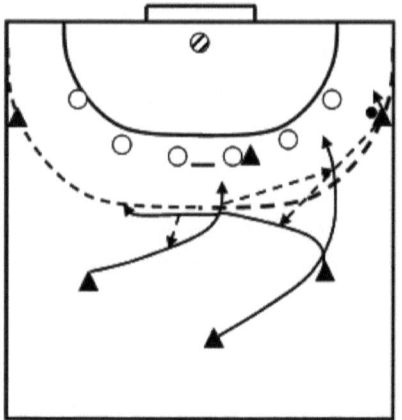

På et tidspunkt, når åbningen har været afviklet et par gange, vil forsvaret have orienteret sig om hvad der sker og vil følge med mod højre. Sker det, kan CT med fordel aflevere retur til HB, der kan lave gennembrud omkring V2.

KRYDSØVELSE 59

STORT KRYDS MIDT FOR MÅL MED VIDERESPIL (TIL BAGOMRYKKENDE CT)

Angrebsåbningen kan afvikles med start i begge sider – i eksemplet på illustrationen afvikles med start fra venstre side.

- VF starter med bolden
- ST starter mellem H3 og V3
- VF afleverer til VB, der afleverer videre til CT
- VB trækker langt ind over midten foran CT, modtager bolden fra CT og krydser med HB midt for mål
- Samtidig er CT trukket bag om VB ud mod venstre
- HF holder dybt
- HB kan nu
    1. afslutte selv
    2. foretage indspil til ST
    3. aflevere videre til CT, der er rykket ud mod venstre

- Hvis CT får bolden, er hun alene 1:1 med H2 og kan
    1. søge eget gennembrud
    2. fortsætte presset ud mod venstre
    3. aflevere til ST
    4. aflevere til HB, der smutter rundt om ST's screening

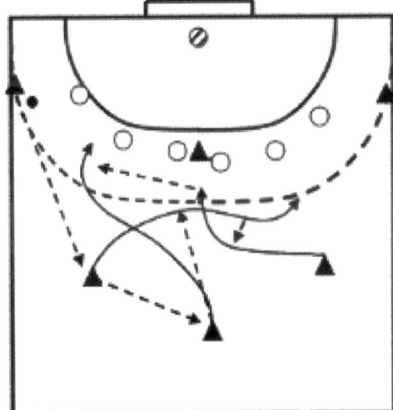

På et tidspunkt, når åbningen har været afviklet et par gange, vil forsvaret have orienteret sig om hvad der sker og vil følge med mod venstre. Sker det, kan CT med fordel aflevere retur til VB, der kan lave gennembrud omkring V2.

Variation:
- ST kan rykke helt ud og sætte sin screening på kant af H2
- VB starter krydset på aflevering fra VF (mere usikker end på aflevering fra CT)

3: OVERGANGE

OVERGANGSØVELSE 1

Organisering:
7 spillere, 1 kegle og et antal bolde.

1 kegle stilles midt på målcirklen. To spillere på hver fløj, en spiller på henholdsvis venstre back-center-højre back. I eksemplet på illustrationen startes fra venstre fløj.

Øvelsens forløb:
VF afleverer til VB. VB presser svagt fremad, afleverer til CT, og løber bag i rækken på venstre fløj. Samtidigt hermed er VF løbet i overgang ind til keglen på midten. Når CT senere rykker på venstre back, rykker VF ud som CT.

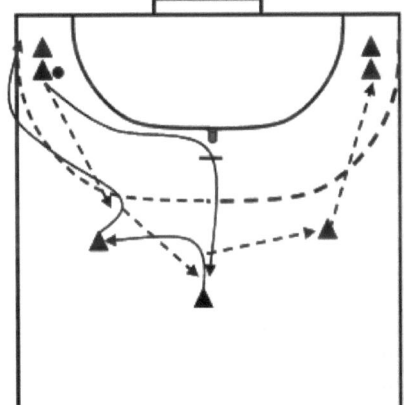

Efter at have modtaget bolden fra VB afleverer CT videre til HB og rykker på venstre back. HB afleverer til HF, og øvelsen starter modsat på samme vis.

Husk eventuel rokering på pladserne.

OVERGANGSØVELSE 2

Organisering:
8 spillere, 3 kegler og et antal bolde.

3 kegler opstilles henholdsvis midt for mål omkring straffemarkeringen og på H2 og V2. En spiller på hver fløj, to på venstre back-center-højre back. I eksemplet på illustrationen startes fra venstre fløj.

Øvelsens forløb:
VF afleverer til VB og løber bag i rækken på venstre back. VB afleverer til CT og løber i overgang ned på højre side af keglen ved straffemarkeringen.

CT afleverer videre til HB og løber i overgang ned på den anden side af keglen i midten. HB afleverer til HF. Samtidig rykker CT ud på venstre fløj, VB rykker ud på højre fløj. HF starter øvelsen forfra med aflevering til HB, hvorefter hun rykker bag i rækken på højre back – og så videre den modsatte vej rundt.

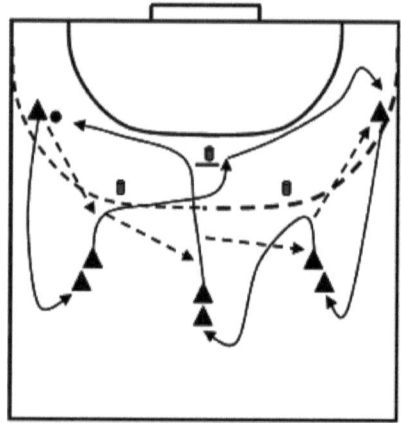

Overgangsøvelse 3

Den uendelige overgang med kryds

Organisering:
4 spillere og 1 bold.

Spillerne starter på fløj- og backpositionen. I eksemplet på illustrationen starter HF med bolden.

Øvelsens forløb:
HF afleverer til HB, der krydser med VB og rykker på venstre back. Efter kryds med HB rykker VB udad, HF krydser bagom og modtager bolden fra VB. VB rykker på højre back. HF i overgang krydser med VF, der ligeledes er startet overgang fra venstre. De to fløje bytter således plads. VF – på vej over på HF – krydser med HB – og krydsene/overgangene starter forfra og kan nu køre kontinuerligt.

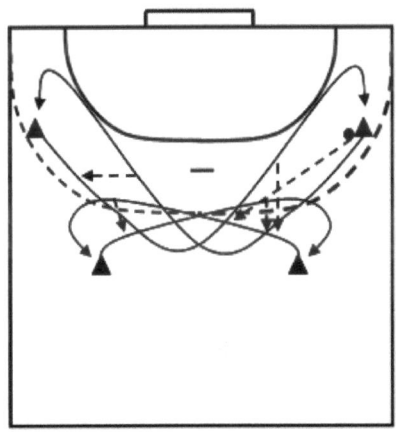

OVERGANGSØVELSE 4

BACKOVERGANG TIL SCREENING FOR BACKAFSLUTNING 1

Organisering:
10 spillere, 1 målvogter og et antal bolde.

To spillere starter som forsvarsspillere på H2 og V2. Resten fordeler sig med en på center, venstre og højre fløj og tre på venstre respektive højre back. I eksemplet afvikles med start fra venstre fløj.

Øvelsens forløb:
VF afleverer til VB, der afleverer videre til CT og løber overgang ind på V2.

CT afleverer straks videre til HB, der angriber på inderside af V2 og udnytter VB's screening til afslutning. Herefter går VB bag i højre back række og HB bag i venstre back række. HF starter øvelsen fra modsatte side – og så videre.

Husk at skifte forsvarsspillere undervejs.

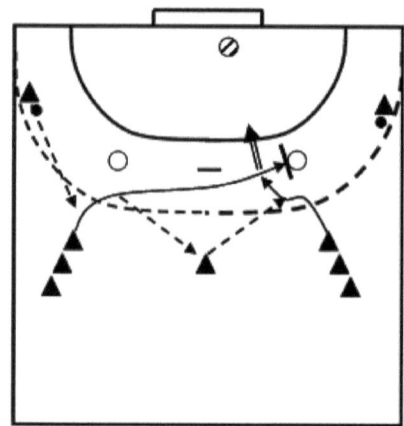

Overgangsøvelse 5

BACKOVERGANG TIL SCREENING FOR BACKAFSLUTNING 2

Organisering:
13 spillere, 1 målvogter og et antal bolde.

Fire spillere starter som forsvarsspillere på H2, H3, V3 og V2. Resten fordeler sig med en på streg, en på venstre og højre fløj og to på center og venstre respektive højre back. I eksemplet afvikles med start fra venstre fløj.

Øvelsens forløb:
VF afleverer til VB, der afleverer videre til CT og løber overgang ind på V2. CT presser svagt mod egen venstre side og afleverer til HB. ST holder screening på H3. HB angriber ind mod V3. Afhængig af, hvad forsvaret gør, kan HB enten afslutte selv eller spille ind til enten ST eller overgangsspilleren (VB).

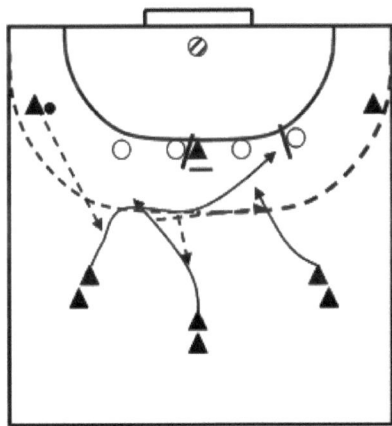

Herefter gentages øvelsen med start i modsatte side – og så videre.

Husk at skifte forsvarsspillere undervejs.

OVERGANGSØVELSE 6

CENTEROVERGANG

Organisering:
11 spillere, 1 målvogter og et antal bolde.

Fire spillere starter som forsvarsspillere på H2, H3, V3 og V2. H2 og V2 ligger lidt fremme. Resten fordeler sig på center, venstre respektive højre back. I eksemplet startes med aflevering fra HB til CT.

Øvelsens forløb:
HB afleverer til CT, der presser fremad, afleverer til VB og løber ind og stiller sig på inderside af H3. VB presser mod H2, afleverer retur til HB, der presser udvendigt på V2. HB spiller bolden ind til CT, der rykker rundt om ST's screening på V3.

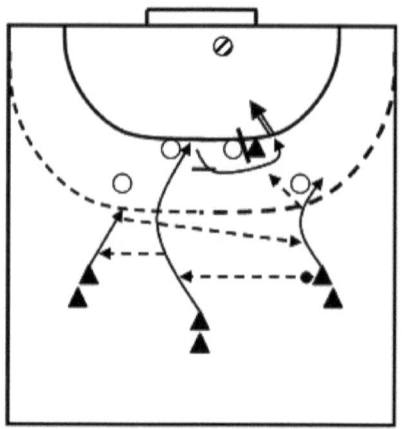

Øvelsen startes herefter modsat, fra VB, således at CT slutter med at afslutte rundt om ST's screening på H3. Husk at skifte forsvarsspillere undervejs.

OVERGANGSØVELSE 7

FLØJOVERGANG MED VENDING

Organisering:
8 spillere, 1 målvogter, 2 kegler og et antal bolde.

To kegler placeres på H2 og V2. En spiller på venstre respektive højre back, resten fordelt med hver sin bold på de to fløje. I eksemplet startes fra VF.

Øvelsens forløb:
VF afleverer til VB, der straks afleverer videre til HB. Samtidigt rykker VF over på udvendig side af keglen på V2. HB afleverer retur til VB, VF vender rundt om keglen og modtager bolden fra VB til afslutning på inderside af keglen. Herefter løber VF bag i rækken på højre fløj.

HF starter herefter fra højre side – og så videre.

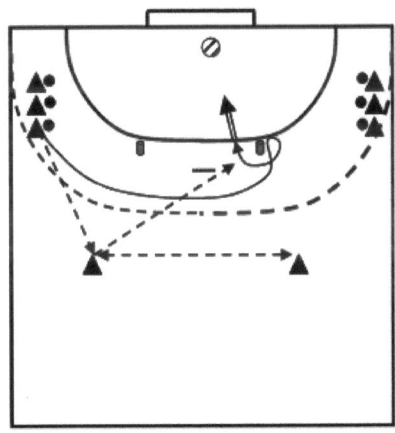

Overgangsøvelse 8

FLØJOVERGANG RUNDT OM SCREENING

Organisering:
13 spillere, 1 målvogter og et antal bolde.

Fire spillere starter som forsvarsspillere på H2, H3, V3 og V2. H2 og V2 ligger lidt fremme. En spiller på henholdsvis venstre back-center-højre back. To stregspillere og to spillere på hver fløj med hver sin bold. I eksemplet startes fra HF.

Øvelsens forløb:
HF afleverer til CT. CT afleverer til VB, der presser på yderside af H3. HF løber overgang rundt om ST's screening på H3. Det er vigtigt, at HF afpasser sin overgang, således at hun kommer rundt om stregscreeningen, så det passer med VB's pres på H2.

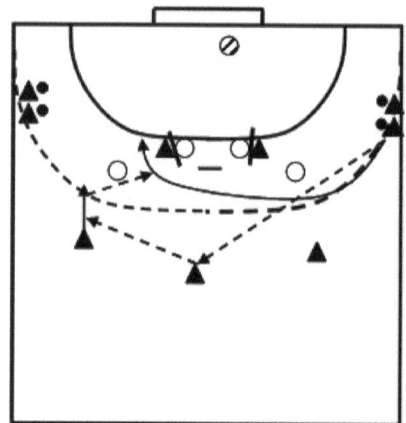

Herefter går HF på venstre fløj og øvelsen starter modsat med aflevering fra VF til CT.

Husk at skifte forsvarsspillere undervejs.

OVERGANGSØVELSE 9

FLØJOVERGANG – SKJULT

Organisering:
11 spillere, 1 målvogter og et antal bolde.

5 forsvarsspillere står skulder ved skulder omkring straffemarkeringen. En spiller på venstre respektive højre back. Resten fordelt på begge fløje med hver sin bold. I eksemplet startes fra HF.

Øvelsens forløb:
HF afleverer til HB, der afleverer videre til VB. Samtidigt løber HF overgang bag om rækken af forsvarsspillere og modtager en aflevering – skift mellem almindelig og studs – fra VB. HF skal time sit løb, så hun uden ophold kan løbe ind i afleveringen, når hun dukker op bag rækken af forsvarsspillere. Herefter fortsætter HF ud på venstre fløj og VF starter op med aflevering til VB – og så videre.

Husk at skifte forsvarsspillere undervejs.

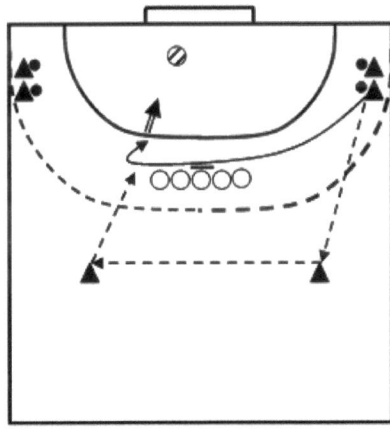

OVERGANGSØVELSE 10

BACKOVERGANG ("FALSK UNDERGANG")

Angrebsåbningen kan afvikles med start i begge sider – i eksemplet på illustrationen afvikles med start fra VF.

- VF starter med bolden
- ST står på indersiden af V3
- VB løber overgang ind på indersiden af H3, samtidig rykker CT ud på VB's position
- VF afleverer til CT, nu som VB
- CT afleverer til HB, der rykker til afslutning mellem ST og VB's screening på H3/V3

Variation:

1. HB afleverer til enten ST eller VB, hvis én af de to 3'ere kommer frem
2. HB kan aflevere retur til CT (på venstre back), der kan afslutte eller fortsætte pres ud mod VF

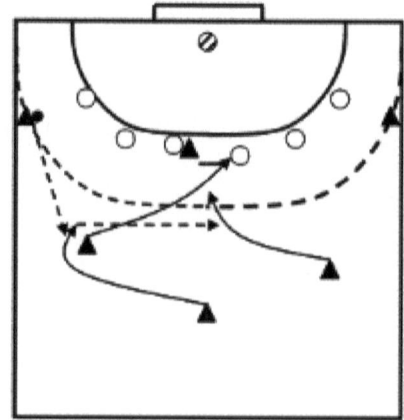

OVERGANGSØVELSE 11

BACKOVERGANG EFTER CENTER-/FLØJKRYDS

Angrebsåbningen kan afvikles med start ved center-/fløjkryds i begge sider. I eksemplet på illustrationen startes med, at VF krydser med CT og VB løber overgang.

- ST står på kant af V3 (på yderside)
- Efter grundspil (ikke illustreret) fra HF til VF, afleverer VF til VB
- VB afleverer videre til CT, der løber ned mod H1
- VF krydser bagom CT og lægger pres mellem H2 og H3
- Samtidig rykker VB langt mod egen højre side og HB lægger pres udvendigt på V2
- VF afleverer videre til VB i overgang
- ST holder V3 væk og VB afslutter efter gennembrud mellem V3 og V2

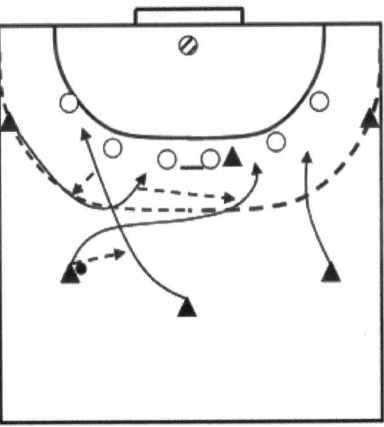

Alternativer:
- VB kan aflevere videre til HB, hvis V2 bakker op (HB kan igen fortsætte presset udad og aflevere til HF, hvis V1 bakker op)
- VB kan aflevere til ST, hvis hun bliver tacklet af V2 og ikke kan aflevere videre til HB

Overgangsøvelse 12

Centerovergang med backpres

Angrebsåbningen kan afvikles med start ved centerovergang både mod venstre og højre. I eksemplet løber CT ind omkring H2.

- ST starter mellem V2 og V1
- Efter grundspil (ikke illustreret) fra VF til CT, afleverer CT til HB og nærmest lunter ned på inderside af H2
- Samtidig trækker VF udad i banen; det samme gør VB
- HB afleverer videre ud til HF, der starter pres retur
- HB lægger hårdt pres ind mod V3, gerne på inderside (ST kan eventuelt rykke med)
- VB brækker indad i banen igen og går direkte ned mellem H2 og H3 – CT står på kant af H2
- VB modtager bolden fra HB og afslutter

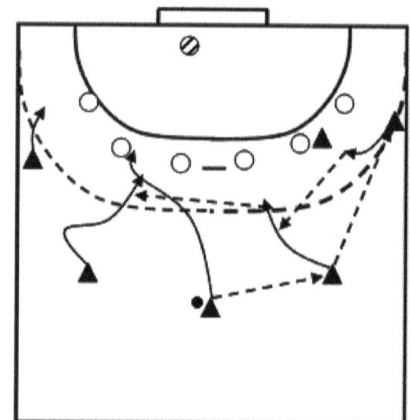

Det er vigtigt, at presset fra både HB og VB lægges hårdt og med maksimalt tryk.

Alternativer:
- Kan VB ikke afslutte selv, kan hun enten forsøge indspil til CT (på ST) eller aflevere bolden videre til VF
- CT sætter sin screening på ydersiden af H2 og VB lægger presset udad (gør det lettere at sætte VF i scene)

OVERGANGSØVELSE 13

CENTEROVERGANG RUNDT OM STREGSCREENING

Angrebsåbningen kan afvikles med start ved pres fra begge fløje. I eksemplet på illustrationen starter pres fra venstre, så CT løber ind på H3.

- ST står mellem V3 og V2 (tættest på V3)
- VF starter grundspil, så bolden afleveres fra hende over VB til CT
- CT afleverer til HB og løber ind og stiller sig ved H3
- HB lægger hårdt pres ind mod V2 på udvendig side
- CT løber rundt om ST's screening på kant af V3, og modtager bolden til afslutning fra HB

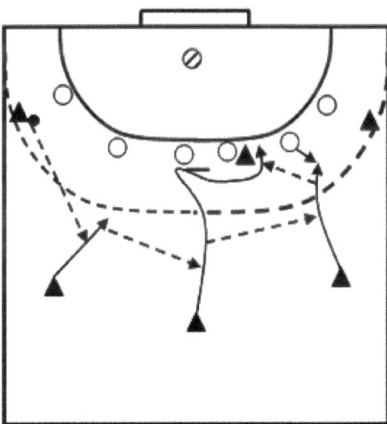

OVERGANGSØVELSE 14

LANG BACKOVERGANG MED BACK-BACK AFLEVERING

Angrebsåbningen kan afvikles med start ved overgang fra enten VB eller HB. I eksemplet løbes overgangen af HB.

- ST starter på inderside af V3
- HF lægger pres ind mellem V1 og V2 og afleverer videre til HB
- HB modtager bolden i pres fremad, afleverer videre til VB og løber overgang ned på inderside af H2
- Samtidig hermed løber CT svagt mod egen højre side
- VB lægger pres ind omkring HB's screening
- VF afventer en smule oppe i banen

Herfra udvikler systemet sig forskelligt:

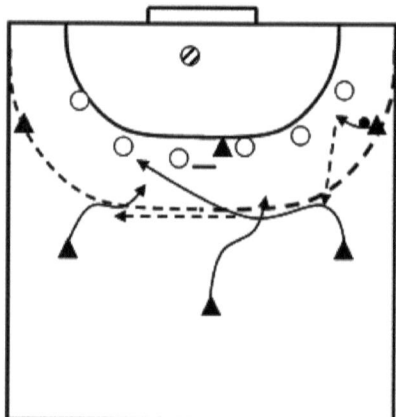

- VB afslutter selv over HB's screening
- VB kan aflevere ned til HB på stregen, hvis H3 går frem for at tackle
- VB kan aflevere ned til ST, der står på inderside af V3, hvis H3 går frem for at tackle
- VB kan aflevere retur til CT, der bryder igennem omkring V3/V2
- CT kan igen aflevere videre til HF i pres eller CT kan aflevere ind til ST
- VB kan aflevere til VF, der laver blindt indløb rundt om H1 (den sværeste løsning, men absolut en mulighed)

OVERGANGSØVELSE 15

LANG BACKOVERGANG MED BACK-CENTER-BACK AFLEVERING

Angrebsåbningen kan afvikles med start ved overgang fra enten VB eller HB. I eksemplet løbes overgangen af HB.

- ST starter på inderside af V3
- HF lægger pres ind mellem V1 og V2 og afleverer videre til HB
- HB modtager bolden i pres fremad, afleverer videre til CT og løber overgang ned på inderside af H2
- Samtidig afleverer CT til VB og løber svagt mod egen højre side
- VB lægger pres ind omkring HB's screening
- VF afventer en smule oppe i banen

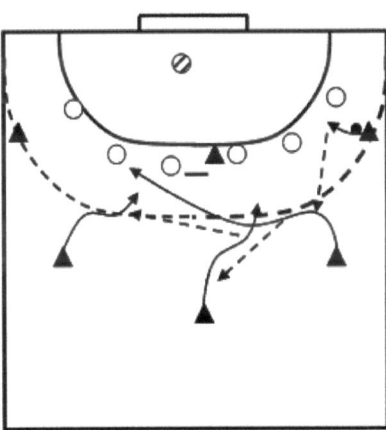

Herfra udvikler systemet sig forskelligt:
- VB afslutter selv over HB's screening
- VB kan aflevere ned til HB på stregen, hvis H3 går frem for at tackle
- VB kan aflevere ned til ST, der står på inderside af V3, hvis H3 går frem for at tackle
- VB kan aflevere retur til CT, der bryder igennem omkring V3/V2
- CT kan igen aflevere videre til HF i pres eller CT kan aflevere ind til ST
- VB kan aflevere til VF, der laver blindt indløb rundt om H1 (den sværeste løsning, men absolut en mulighed)

OVERGANGSØVELSE 16

SLÆBETUR

Angrebsåbningen kan afvikles med start i begge sider. I eksemplet på illustrationen startes fra venstre side.

- ST starter på indersiden af H1
- Bolden starter hos VF, der afleverer til VB og løber i overgang over mod V2
- VB afleverer videre til CT
- Samtidigt med VF's overgang rykker ST efter hende ind mellem H3 og V3, hvor hun modtager bolden fra CT til afslutning – VF's overgang vil trække forsvarets opmærksomhed med sig, så ST kan komme "uset" efter hende, uden den store opmærksomhed fra H2

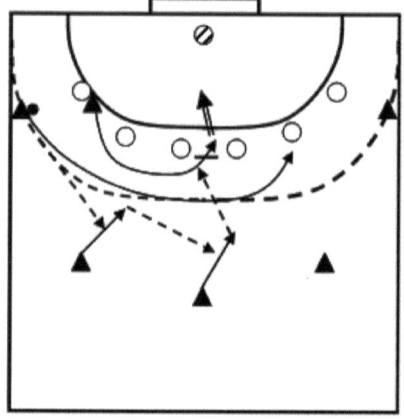

Overgangsøvelse 17

FLØJOVERGANG MED MODRYKKENDE ST

Angrebsåbningen kan startes ved overgang fra begge sider. I eksemplet efter overgang fra VF.

- VF løber overgang med bold langs 3M-linjen
- Cirka ud for H2 afleverer hun langt til HB og fortsætter sit løb uden bold over til screening på V2
- ST starter på V2, og rykker samtidig med VF's overgang over og sætter screening på H2
- HB afleverer straks til CT, der presser på og enten
    1. Afslutter selv
    2. Spiller ind til enten ST eller VF i overgang (nu placeret omkring V2)
    3. Afleverer i pres til én af de to backs, der kan presse på

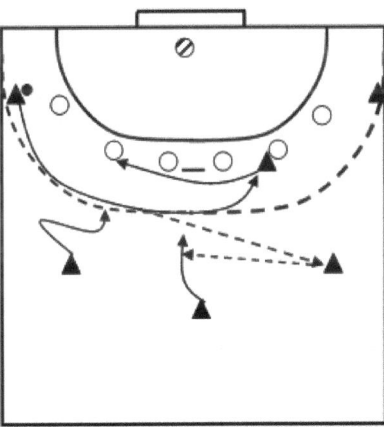

OVERGANGSØVELSE 18

HØJ FLØJOVERGANG

Angrebsåbningen kan afvikles med start i begge sider. I eksemplet på illustrationen startes fra HF.

- ST står på kant af MF modsat den side fløjovergangen kommer fra
- HF afleverer til HB, der straks afleverer videre til CT
- CT presser mod egen venstre side rundt om CF, afleverer retur til HB og fortsætter ned omkring H2
- I det øjeblik CT løber ned, starter VF fløjovergang op omkring CF
- HB presser udad, skal måske tage lidt tempo ud for at vente på at VF når frem, og lige i det øjeblik VF runder CT, afleverer HB til hende
- Samtidig rykker VB ind i banen
- VF kan nu

  1. Gå selv mellem ST's screening på MF og V2
  2. Aflevere retur til VB, der kan afslutte over midten
  3. Aflevere retur til HB, der afslutter selv eller fortsætter pres ud mod HF
  4. Aflevere ned til ST eller CT, der kan afslutte

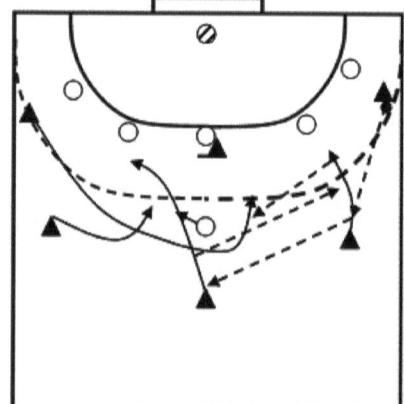

4: PRES

PRESSPILSØVELSE 1

AFSLUTNING PÅ KANT – TO MOD TO

Organisering:
Minimum 3 spillere på henholdsvis center og back. På illustrationen CT og HB. 2 forsvarsspillere overfor angrebsspillerne. Der skal ligeledes bruges 1 MV.

Øvelsens forløb (med start fra CT og spil mod højre – kan ligeledes ske ved spil mod venstre):
CT afleverer til HB, der efter forfinte på forsvarsspilleren, afleverer retur til CT til hendes afslutning på kant af direkte forsvarsspiller.

Forsvarsspillerne starter passive, men må gerne blive mere og mere aktive, efterhånden som øvelsen skrider frem.

Der varieres mellem forskellige afslutningsformer, eksempelvis løbeskud, stående skud og hopskud.

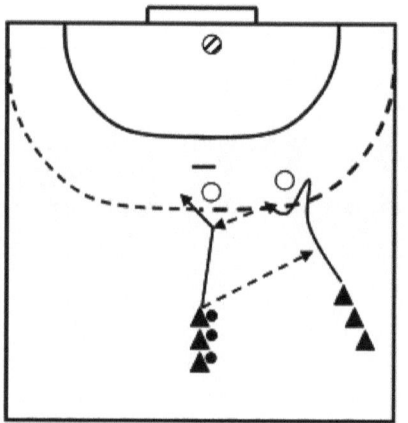

PRESSPILSØVELSE 2

TO MOD TRE

Organisering:
5 spillere, 1 målvogter og et antal bolde.

Tre spillere er forsvarsspillere – to er angrebsspillere. De skal bruge én bold. Som udgangspunkt startes midt for mål – øvelsen kan ligeledes afvikles i siderne.

Øvelsens forløb:
Angrebsspillerne afleverer frem og tilbage imellem sig. De skal forsøge at sætte pres, så de enten trækker plads til kollegaen, alternativt selv kan bryde igennem på kant af forsvarsspilleren.

Husk at rokere på pladserne.

Øvelsen gennemføres 4-6 minutter midt for, 4-6 minutter i venstre og 4-6 minutter i højre side.

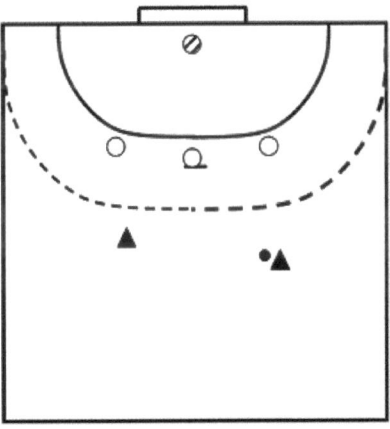

PRESSPILSØVELSE 3

AFSLUTNING PÅ KANT – TRE MOD TRE

Organisering:
Minimum 3 spillere på henholdsvis VB, CT og HB. 3 forsvarsspillere. Der skal ligeledes bruges 1 MV.

Øvelsens forløb (med start fra CT og spil mod højre – kan ligeledes ske ved spil mod venstre):
CT afleverer til HB, der efter forfinte på forsvarsspiller, afleverer retur til CT. CT lægger pres på kant af forsvarsspiller og afleverer med det samme videre til VB, der modtager bolden i løb og afslutter på kant af forsvarsspiller.

Forsvarsspillerne starter passive, men må gerne blive mere og mere aktive, efterhånden som øvelsen skrider frem.
Der varieres mellem forskellige afslutningsformer, eksempelvis løbeskud, stående skud og hopskud.

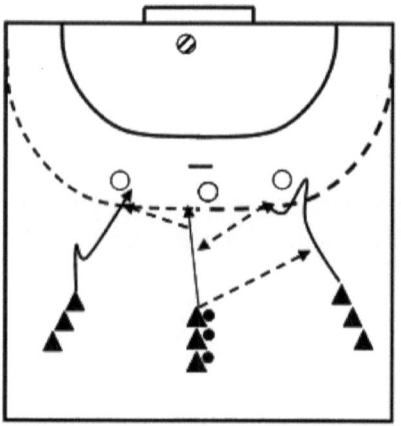

Presspilsøvelse 4

Kontinuerligt pres tre mod tre – "samme side"

Organisering:
Spillerne deles i hold à 3 spillere med henholdsvis VB, CT og HB på hvert hold. Der skal bruges 3 forsvarsspillere.

Øvelsens forløb (med start fra CT og spil mod højre – kan ligeledes ske ved spil mod venstre):
CT afleverer til HB, der efter forfinte indad lægger pres udvendigt på forsvarsspilleren og returnerer bolden til CT. CT presser mod samme side som HB og afleverer bolden videre til VB, der ligeledes lægger pres på samme side af forsvarsspilleren som CT og HB. CT trækker baglæns, modtager bolden retur fra VB og starter presset forfra.
Der afsluttes ikke mod mål, men køres kontinuerligt pres i 1 minut, eller indtil bolden tabes. Derefter starter næste hold.

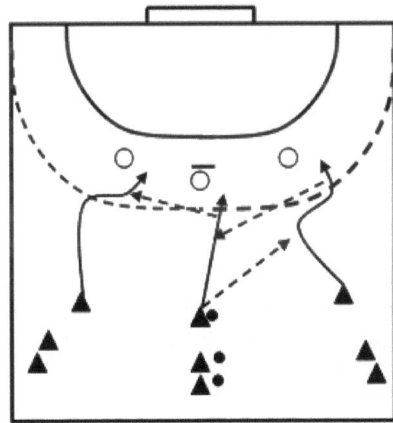

Forsvarsspillerne starter passive, men må gerne blive mere og mere aktive, efterhånden som øvelsen skrider frem. Indsæt eventuelt senere en MV og spil til afslutning.

PRESSPILSØVELSE 5

KONTINUERLIGT PRES TRE MOD TRE – "UDVENDIG SIDE"

Organisering:
Spillerne deles i hold à 3 spillere med henholdsvis VB, CT og HB på hvert hold. Der skal bruges 3 forsvarsspillere.

Øvelsens forløb (med start fra CT og spil mod højre – kan ligeledes ske ved spil mod venstre):
CT afleverer til HB, der efter forfinte indad lægger pres udvendigt på forsvarsspilleren og returnerer bolden til CT. CT presser mod samme side som HB og afleverer bolden videre til VB, der lægger pres på udvendig side af forsvarsspilleren efter forfinte indad. CT trækker baglæns og "vender" presset, inden bolden modtages retur fra VB, således at hendes pres hele tiden ligger parallelt med den back, hun modtager bolden fra (ikke illustreret).

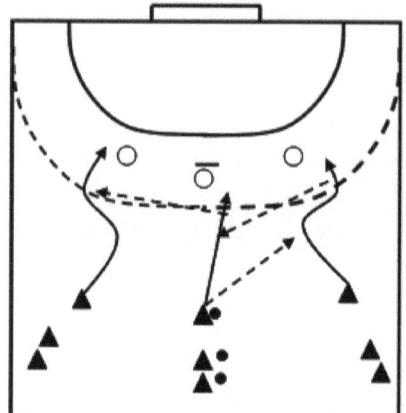

Der afsluttes ikke mod mål, men køres kontinuerligt pres i 1 minut, eller indtil bolden tabes. Derefter starter næste hold.

Forsvarsspillerne starter passive, men må gerne blive mere og mere aktive efterhånden som øvelsen skrider frem. Indsæt eventuelt senere 1 MV og spil til afslutning.

PRESSPILSØVELSE 6

PRES FIRE MOD FIRE

Organisering:
4 angrebsspillere (ingen ST og CT) og 4 forsvarsspillere.

Øvelsens forløb:
Der spilles 4 mod 4 med almindeligt presspil. Der må kun afsluttes ved gennembrud på kant af forsvarsspiller.

Der må indlægges forfinteløb, diagonalafleveringer, returbolde m.m.

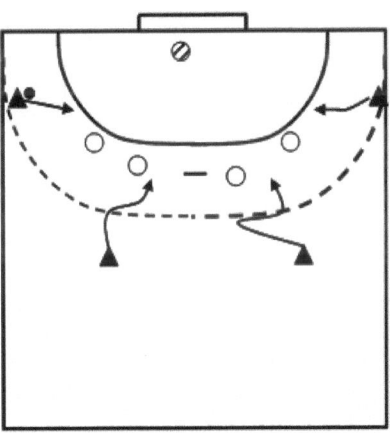

PRESSPILSØVELSE 7

PRES FEM MOD FIRE – "DELT BANE"

Organisering:
Minimum 3 spillere på henholdsvis VB, CT og HB. Der skal bruges 2 ST og 4 forsvarsspillere. Der skal ligeledes bruges 1 MV og 3 kegler. Angrebsområdet deles som illustrationen med 3 kegler, så der kommer 2 "arbejdsområder", hvor der hver arbejder 2 forsvarsspillere og en ST.

Øvelsens forløb (med start fra CT med spil mod venstre – kan ligeledes ske ved spil mod højre):
CT presser svagt skråt fremad mod egen højre side, afleverer til VB, der efter forfinte udad modtager bolden til pres indvendigt på forsvarsspilleren. VB afleverer til HB, der efter løb indad i banen lægger pres udvendigt på forsvarsspilleren. HB vælger enten egen afslutning eller indspil til ST, der arbejder helt frit i "sit" arbejdsområde. Herefter køres øvelsen den modsatte vej rundt.

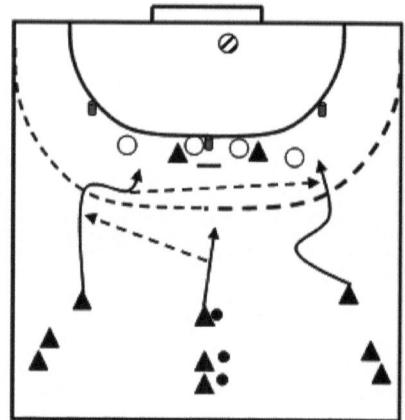

Forsvarsspillerne starter en smule tilbageholdne, men må gerne blive mere og mere aktive, efterhånden som øvelsen skrider frem.

PRESSPILSØVELSE 8

PRES FEM MOD FIRE – "HELBANE"

Organisering:
5 angrebsspillere (ingen ST) og 4 forsvarsspillere.

Øvelsens forløb:
Der spilles 5 mod 4 med almindeligt presspil. Der må kun afsluttes ved gennembrud på kant af forsvarsspiller.

I starten må bolden ikke vendes, ligesom der ikke må afleveres forbi en position (eksempelvis direkte fra back til back). Spillerne skal tvinges til alene ved boldhastigheden at komme til fri afslutning.

Senere gives presset frit, således at bolden kan vendes, der kan springes positioner over, indlægges forfinteløb m.m.

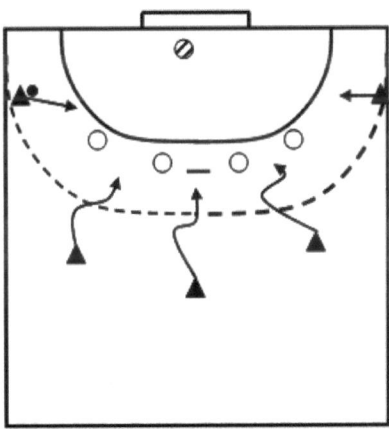

Presspilsøvelse 9

Backpres

Organisering:
Minimum 3 spillere på henholdsvis VB, CT og HB. 2 forsvarsspillere på backpositionerne. Der skal ligeledes bruges 1 MV.

Øvelsens forløb (med start fra HB – kan også startes fra VB):
HB afleverer til CT, der med det samme afleverer bolden videre til VB. VB lægger pres indvendigt på forsvarsspilleren og afleverer retur til HB, der i mellemtiden efter forfinte indad er søgt bredt til pres/afslutning på udvendig side af forsvarsspilleren.

Forsvarsspillerne starter passive, men må gerne blive mere og mere aktive, efterhånden som øvelsen skrider frem.

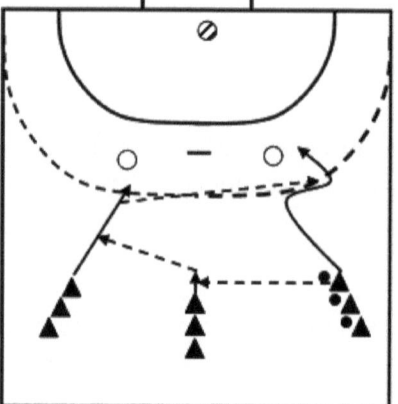

PRESSPILSØVELSE 10

PRESSPIL FRA CENTER TIL FLØJ

Organisering:
7-10 spillere, 1 målvogter og et bolddepot med rigeligt med bolde.

Opstilling som på illustrationen. Fire forsvarsspillere på H1, H2, H3 og V3 – resten fordelt som angrebsspillere på VF, VB og CT. I eksemplet startes presset fra center ud mod venstre fløj; øvelsen skal ligeledes gennemføres med pres ud mod højre fløj. Bolddepotet lægges på midten.

Øvelsens forløb:
CT starter pres mellem H3 og V3 og afleverer videre til VB. VB lægger tilsvarende pres mellem H2 og H3. I det øjeblik H2 træder til for at lukke af sammen med H3, afleverer VB videre til VF, der afslutter mellem H1 og H2.

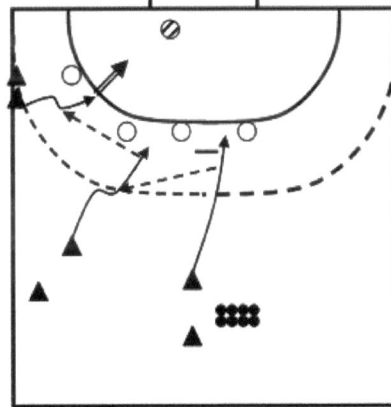

Forsvarsspillerne skal i starten af øvelsen blot markere – senere skal de lukke mere realistisk af. Dog skal VF have lov til at afslutte.

Angrebsspillerne bytter for hver omgang. Husk at skifte på forsvarspladserne med jævne mellemrum.

Øvelsen gennemføres 10-15 minutter, afhængigt af antal angrebsspillere.

Variation:
Hvis forsvaret ikke er "klar", må der afsluttes fra CT og VB.

Presspilsøvelse 11

Presspil fra fløj til center

Organisering:
7-10 spillere, 1 målvogter og et bolddepot med rigeligt med bolde.

Opstilling som på illustrationen. Fire forsvarsspillere på H1, H2, H3 og V3 – resten fordelt som angrebsspillere på VF, VB og CT. I eksemplet startes presset fra venstre fløj; øvelsen skal ligeledes gennemføres med start fra højre fløj. Bolddepotet lægges på fløjen.

Øvelsens forløb:
VF starter pres mellem H1 og H2 og afleverer videre til VB. VB lægger tilsvarende pres mellem H2 og H3. I det øjeblik H3 træder til for at lukke af sammen med H2, afleverer VB videre til CT, der afslutter mellem H3 og V3.

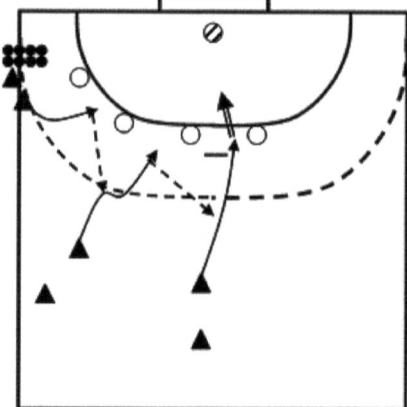

Forsvarsspillerne skal i starten af øvelsen blot markere – senere skal de lukke mere realistisk af. Dog skal CT have lov til at afslutte.

Angrebsspillerne bytter for hver omgang. Husk at skifte på forsvarspladserne med jævne mellemrum.

Øvelsen gennemføres 10-15 minutter, afhængigt af antal angrebsspillere.

Variation:
Hvis forsvaret ikke er "klar", må der afsluttes fra VF og VB.

PRESSPILSØVELSE 12

PRESSPIL MELLEM KEGLER 1

Organisering:
3-10 spillere, 1 målvogter, 7 kegler og et antal bolde.

Syv kegler opstilles som på illustrationen: Fire omkring H2-H3-V3-V2 ved målfeltet, tre "mellem" dem lidt uden for 3M-linjen (se illustrationen). Spillerne starter langs den ene sidelinje, cirka en meter fra 3M-linjen. I eksemplet i venstre side; øvelsen skal ligeledes afvikles med start fra højre side.

Øvelsens forløb:
Den første spiller i rækken lægger pres mellem kegle 1 og kegle 3 – i stedet for at afslutte, løber hun baglæns ud og rundt om kegle 2, lægger igen pres mellem kegle 3 og kegle 5. Herefter igen baglæns ud og rundt om kegle 4 – osv., indtil hun runder kegle 7, hvor der afsluttes mod mål.

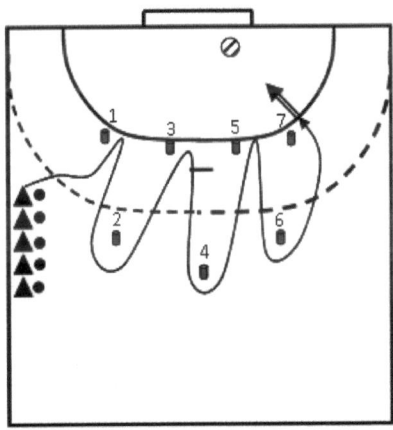

PRESSPILSØVELSE 13

PRESSPIL MELLEM KEGLER 2

Organisering:
5-12 spillere, 1 målvogter, 6 kegler og et antal bolde.

Seks kegler opstilles som på illustrationen: Fire omkring H2-H3-V3-V2 ved målfeltet, to "mellem" kegle 1 og kegle 3 og "mellem" kegle 6 og kegle 4 lidt uden for 3M-linjen (se illustrationen). En-to spillere starter på hver sin fløj, resten fordelt på begge backs – meget bredt i banen.

Øvelsens forløb:

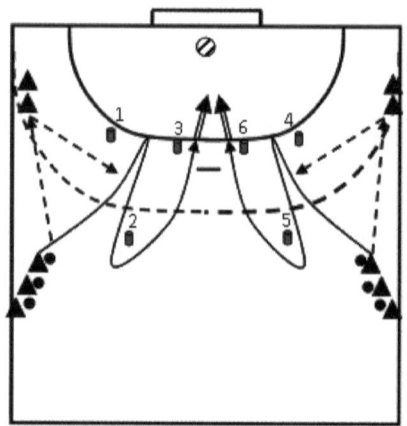

Det aftales hvem der starter. I eksemplet starter første spiller i rækken på venstre back. Hun afleverer til tilspilleren på venstre fløj, rykker fremad, modtager bolden igen kort før kegle 1, hvorefter hun lægger pres mellem kegle 1 og kegle 3. Hun afslutter ikke, men rykker baglæns ud og runder kegle 2, hvorefter hun presser frem og afslutter midt for mål mellem kegle 3 og kegle 6. Efter afslutning går hun bag i rækken på venstre fløj, tilspilleren på venstre fløj, der afleverede til hende, rykker ud bag i rækken på venstre back.

Herefter køres øvelsen tilsvarende med start fra HB – osv.

5: SCREENINGER

SCREENINGSØVELSE 1

SCREENING TIL BACK 1

Organisering:
6-12 spillere, 1 målvogter og et antal bolde.

To spillere er forsvarsspillere, placeret på H3 respektive V3. Resten fordeler sig på hver sin back. I eksemplet screenes til VB's afslutning, hvorfor spillerne på VB starter med en bold hver.

Øvelsens forløb:
VB afleverer til HB. Samtidigt går forsvarsspilleren på H3 frem mod VB (til 3M-linjen). HB rykker langt, afleverer retur til bagomrykkende VB og sætter en screening på H3, som VB afslutter rundt om. V3 rykker ind og lægger en parade (hun må ikke gå frem for at tackle). Efter afslutning går VB bag i rækken på højre back, HB bag i rækken på venstre back.

Øvelsen gennemføres med screening til både VB's og HB's afslutning. Gennemfør alle i én side først, før der skiftes side.

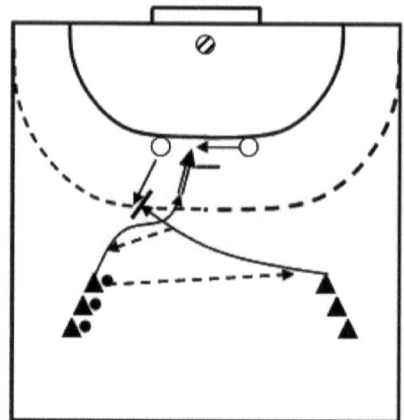

SCREENINGSØVELSE 2

SCREENING TIL BACK 2

Organisering:
6-12 spillere, 1 målvogter og et antal bolde.

En spiller er forsvarsspiller, placeret som CF omkring 3M-linjen. En ST starter lige bag hende på målcirklen (se illustrationen). Resten fordeler sig på hver sin back. I eksemplet screenes til VB's afslutning, hvorfor spillerne på VB starter med en bold hver.

Øvelsens forløb:
VB afleverer til HB. HB rykker langt og afleverer retur til bagomrykkende VB, der trækker uden om CF. Samtidigt rykker ST op og sætter en screening på CF, som VB afslutter rundt om. Efter afslutning går VB bag i rækken på højre back, HB bag i rækken på venstre back.

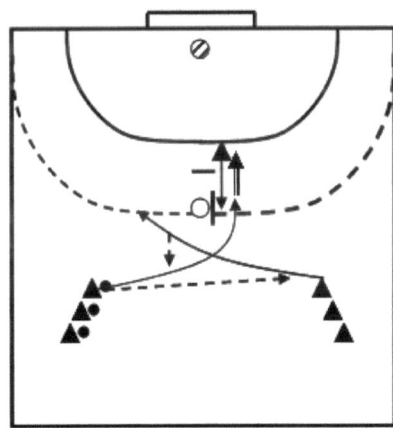

Øvelsen gennemføres med screening til både VB's og HB's afslutning. Gennemfør alle i én side først, før der skiftes side.

SCREENINGSØVELSE 3

SCREENING FOR BACKS GENNEMBRUD

Organisering:
2-3 spillere placeret i 2 rækker midt for mål med 3-4 meters mellemrum, 2 forsvarsspillere og 1 ST placeret midt for mål (opstil eventuelt 2 kegler for at markere arbejdsområdet). Se illustration.

Øvelsens forløb:
ST starter på kant af den ene forsvarsspiller – hende, der står modsat den bagspiller, der skal afslutte. I eksemplet starter første spiller i venstre række med at afslutte. Spilleren stempler frem, modtager bolden fra første spiller i højre række, finter udad og trækker ind over midten til afslutning rundt om den screening som ST, i samme øjeblik bolden afleveres mellem de 2 bagspillere, rykker over og sætter på den anden forsvarsspiller.

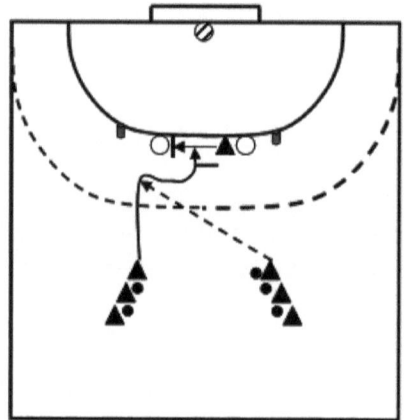

Forsvarsspillere starter passive, men kan senere blive mere aktive.

Herefter køres øvelsen modsat – osv.

SCREENINGSØVELSE 4

RUSSERSCREENING

Organisering:
Der skal bruges 1 ST, 1 fløj og 1-2 spillere på back – i eksemplet på illustrationen VF og VB, men øvelsen skal ligeledes afvikles i højre side. Der skal også bruges 2 forsvarsspillere og 1 MV. Forsvarsspillerne placerer sig som på illustrationen.

Øvelsens forløb:
VF afleverer til VB, der presser ind mod forsvarsbacken. Forsvarsbacken går frem for at tackle. VB skifter retning og trækker ind over midten. I samme øjeblik går ST, der starter på indvendig side af midtforsvarsspilleren, frem og sætter screening på forsvarsbacken.

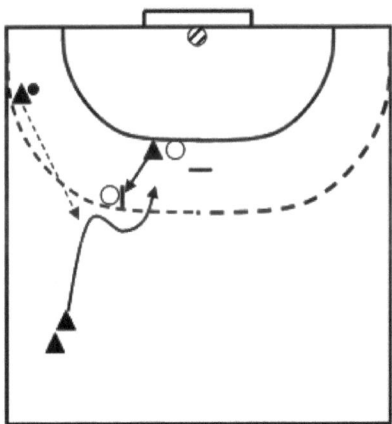

Hvis midtforsvarsspilleren kommer frem mod backen, afleverer VB ned til ST, der rykker til gennembrud bag forsvarsbacken. Kommer forsvarsspilleren ikke frem, afslutter VB selv ved hopskud.

SCREENINGSØVELSE 5

SCREENING EFTER OVERGANG

Organisering:
2-3 spillere på fløj, back og center. I eksemplet på illustrationen VF og VB, men øvelsen skal ligeledes afvikles i modsatte side. Der skal ligeledes bruges 1 forsvarsspiller og 1 MV.

Øvelsens forløb:
VF afleverer til VB, der presser på og afleverer videre til CT. VF løber overgang og sætter screening på forsvarsspilleren, der er placeret omkring straffemarkeringen. CT laver forfinte mod højre og går venstre om screeningen til afslutning.

Screeningsøvelse 6

Backscreening til center

Organisering:
10-16 spillere, 1 målvogter og 2 bolddepoter med rigeligt med bolde.

Opstilling som på illustrationen. To spillere starter som forsvarsspillere, placeret på H3 respektive V3. To spillere starter på hver sin fløj med hver sit bolddepot. Resten fordeler sig på venstre back, center og højre back. I eksemplet afsluttes rundt om screening sat af venstre back.

Øvelsens forløb:
VF (Spiller 1) afleverer til VB (Spiller 2), der straks afleverer videre til HB (Spiller 4).

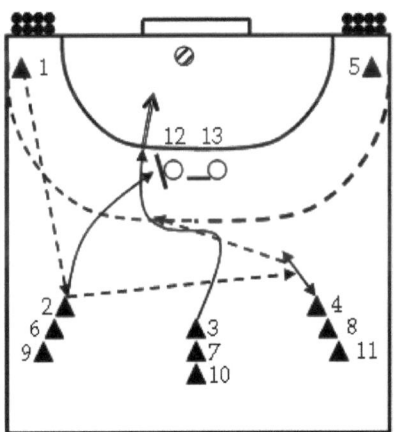

HB (Spiller 4) modtager bolden fra VB (Spiller 2) i et kort løb fremad. Hun afleverer videre til CT (Spiller 3) og returnerer til udgangspositionen.

VB (Spiller 2) løber efter aflevering til HB (Spiller 4) ind for at sætte screening på ydersiden af H3 (Spiller 12).

CT (Spiller 3) løber svagt mod højre, brækker til venstre, modtager bolden fra HB (Spiller 4) og afslutter rundt om VB's (Spiller 2's) screening på H3 (Spiller 12).

VB (Spiller 2) løber bag i rækken på midten og CT (Spiller 3) bag i rækken på venstre back efter afslutning.

Herefter starter HF (Spiller 5) øvelsen fra den modsatte side med aflevering til HB (Spiller 4).

Forsvarsspillerne starter passive, men undervejs i øvelsen kan de forsøge at presse screeningsspilleren.

Husk at rokere på forsvars- og fløjpladserne med jævne mellemrum.

Øvelsen gennemføres 10-14 minutter, afhængigt af antal spillere.

SCREENINGSØVELSE 7

CENTERSCREENING TIL BACK

Organisering:
10-16 spillere, 1 målvogter og 2 bolddepoter med rigeligt med bolde.

Opstilling som på illustrationen. To spillere starter som forsvarsspillere, placeret omkring H2, respektive V2 mellem målfeltet og 3M-linjen. To spillere starter på hver sin fløj med hver sit bolddepot. Resten fordeler sig på venstre back, center og højre back. I eksemplet afsluttes fra venstre back.

Øvelsens forløb:
VF (Spiller 1) afleverer til VB (Spiller 2), der straks afleverer videre til CT (Spiller 3).

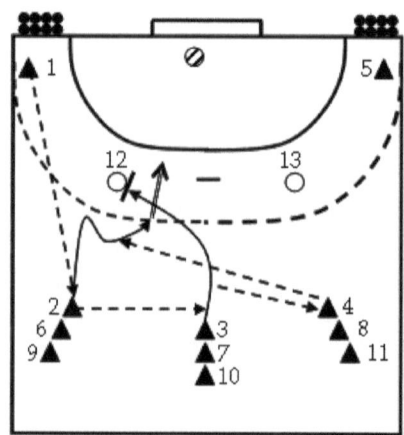

CT (Spiller 3) modtager bolden fra VB (Spiller 2) i løb lige frem. Hun afleverer videre til HB (Spiller 4) og fortsætter sit løb ind for at sætte screening på forsvarsspilleren på H2 (Spiller 12).

VB (Spiller 2) laver forfinte udad, brækker ind i banen, og modtager bolden fra HB (Spiller 4) til afslutning fra 3M-linjen, rundt om den screening CT (Spiller 3) sætter på forsvarsspilleren på H2 (Spiller 12). CT (Spiller 3) trækker ud på venstre back og VB (Spiller 2) løber bag i centerrækken efter afslutning.

Herefter starter HF (Spiller 5) øvelsen op fra den modsatte side med aflevering til HB (Spiller 4).

Forsvarsspillerne starter passive, men undervejs i øvelsen kan de forsøge at presse screeningsspilleren.

Husk at rokere på forsvars- og fløjpladserne med jævne mellemrum.

Øvelsen gennemføres 10-14 minutter, afhængigt af antal spillere.

SCREENINGSØVELSE 8

SAMARBEJDE TRE MOD TO MED STREGSCREENING

Organisering
Minimum 5 spillere, 1 målvogter og et antal bolde.

Opstilling som på illustrationen. To spillere er forsvarsspillere, tre angrebsspillere, heraf den ene streg. Øvelsen kan køres overalt på linjen, men typisk inden for området fra H2 til V2.

Øvelsens forløb:
De to bagspillere spiller sammen, mens de kontinuerligt forsøger at angribe på yderside af forsvarsspillerne, ST forsøger at sætte kantscreening på inderside af forsvarsspillerne.

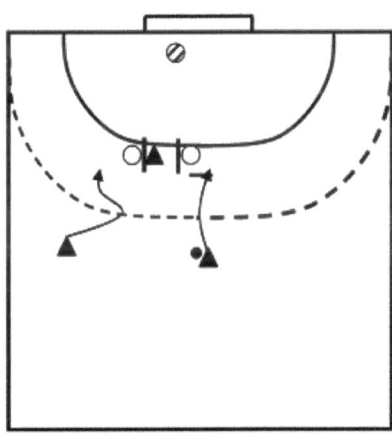

Bagspillerne må afslutte udefra, lave gennembrud på kant af forsvarsspillerne – tæt på, ikke løbe flere meter væk (afgræns eventuelt med kegler), eller spille ind til ST.

Husk at rokere på pladserne.

SCREENINGSØVELSE 9

SCREENINGSØVELSE FOR BACKS

Organisering:
Minimum 6 spillere, gerne flere, en målvogter og et antal bolde.

To spillere starter som stationære forsvarsspillere på 3M-linjen omkring H2/V2. Resten fordeler sig på backpositionerne. Spillerne i den ene række skal have en bold hver.

I eksemplet starter spillerne på venstre back med bolde. Husk også at afvikle øvelsen med start i højre side.

Øvelsens forløb:
VB løber over mod spilleren på V2 og sætter korrekt screening på hende. Undervejs afleverer hun til HB, der rykker ind og afslutter rundt om hendes screening. De to spillere bytter række og næste VB starter....

Husk at rokere på forsvarspositionerne.

Variation:
Lad den modsatte forsvarsspiller møde og følge VB på hendes ryk. Uden at tackle af på hende, blot presse.

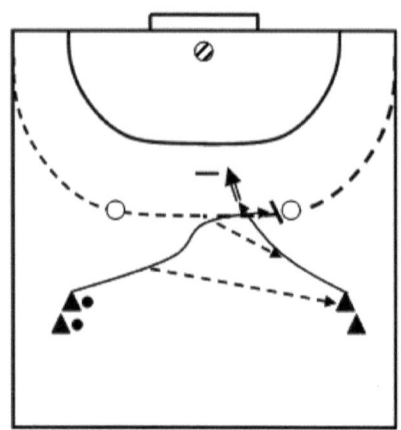 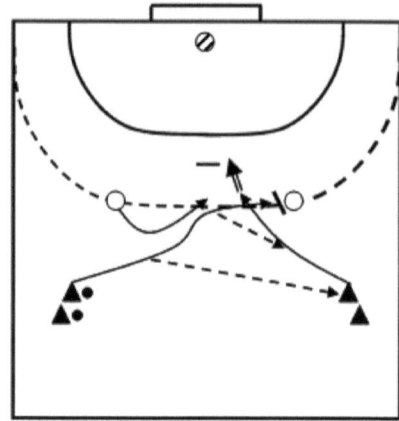

SCREENINGSØVELSE 10

BACKOVERGANG TIL SCREENING FOR BACKAFSLUTNING 1

Organisering:
10 spillere, 1 målvogter og et antal bolde.

To spillere starter som forsvarsspillere på H2 og V2. Resten fordeler sig med en på center, venstre og højre fløj og tre på venstre respektive højre back. I eksemplet afvikles med start fra venstre fløj.

Øvelsens forløb:
VF afleverer til VB, der afleverer videre til CT og løber overgang ind på V2.
CT afleverer straks videre til HB, der angriber på inderside af V2 og udnytter VB's screening til afslutning. Herefter går VB bag i højre back række og HB bag i venstre back række. HF starter øvelsen fra modsatte side – og så videre.

Husk at skifte forsvarsspillere undervejs.

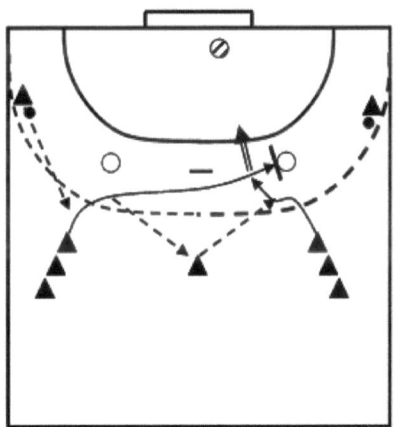

SCREENINGSØVELSE 11

BACKOVERGANG TIL SCREENING FOR BACKAFSLUTNING 2

Organisering:
13 spillere, 1 målvogter og et antal bolde.

Fire spillere starter som forsvarsspillere på H2, H3, V3 og V2. Resten fordeler sig med en på streg, en på venstre og højre fløj og to på center og venstre respektive højre back. I eksemplet afvikles med start fra venstre fløj.

Øvelsens forløb:
VF afleverer til VB, der afleverer videre til CT og løber overgang ind på V2. CT presser svagt mod egen venstre side og afleverer til HB. ST holder screening på H3. HB angriber ind mod V3. Afhængig af, hvad forsvaret gør, kan HB enten afslutte selv eller spille ind til enten ST eller overgangsspilleren (VB).

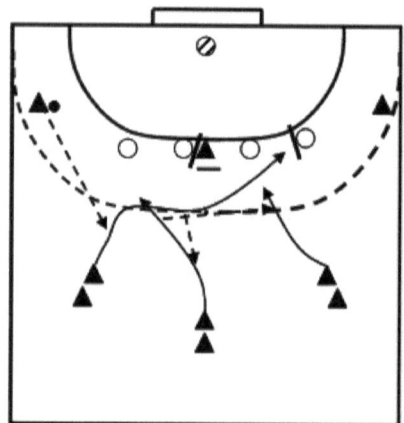

Herefter gentages øvelsen med start i modsatte side – og så videre.

Husk at skifte forsvarsspillere undervejs.

SCREENINGSØVELSE 12

BACK PÅ TUR

Angrebsåbningen kan afvikles i begge sider. I eksemplet på illustrationen afsluttes i højre side.

- ST står mellem H3 og V3
- Bolden starter hos HB, der dribler ud mod højre fløj
- Samtidigt hermed rykker HF ind og sætter screening på V2, og CT rykker efter HB
- CT modtager bolden fra HB og kan nu:
    1. Afslutte efter gennembrud på yderside af H2, der bindes af indrykket HF
    2. Aflevere retur til HB, hvis V1 går med ind for at lukke
       af for hende, til HB's afslutning udvendigt på V1

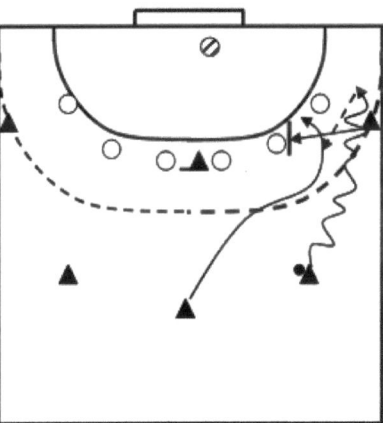

SCREENINGSØVELSE 13

KANT

Angrebsåbningen kan afvikles med start i begge sider. I eksemplet på illustrationen startes fra venstre side.

- ST starter på ydersiden af V3
- Bolden starter hos VF og spilles i pres via VB over til CT, der bryder igennem rundt om ST, der binder V3
- HB presser samtidigt udad på H2 for at trække V2 med sig (væk fra CT)

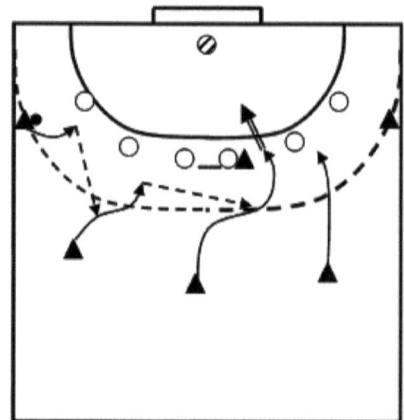

SCREENINGSØVELSE 14

KANT MED KRYDS

Angrebsåbningen kan afvikles med start i begge sider. I eksemplet på illustrationen startes fra højre side.

- ST starter på ydersiden af H3
- Bolden starter hos HF, der afleverer langt til CT
- CT krydser HB op
- HB fortsætter langt ind over midten og afleverer videre til VB, der angriber udad på H2
- VF trækker udad
- VB kan nu:
    1. Aflevere ind til ST, hvis H2 går frem og giver plads bag ved sig
    2. Afslutte selv ved gennembrud udvendigt på H2
    3. Aflevere videre til VF, hvis H1 går ind for at forhindre VB's gennembrud (mellem H2 og H1)

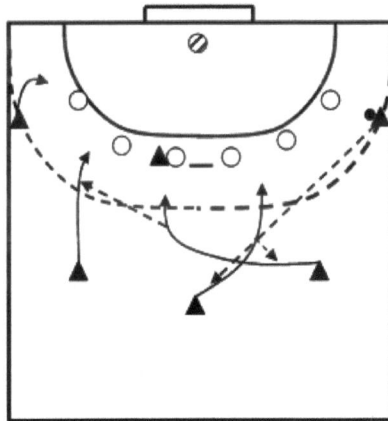

SCREENINGSØVELSE 15

KRYDS-PARALLEL

Angrebsåbningen kan afvikles med start i begge sider. I eksemplet på illustrationen startes fra venstre side.

- ST starter på indersiden af H2
- Bolden starter hos VF, der presser på og afleverer til VB
- VB går langt ind over midten, lægger pres omkring H3 og V3 og afleverer til CT, der krydser bag hende
- ST rykker på ydersiden af H3
- CT kan nu:
    1. Afslutte selv omkring H2
    2. Aflevere til ST i russer, hvis H2 går frem for at tackle på hende
    3. Aflevere videre til VF i pres; VF går indvendigt på H1

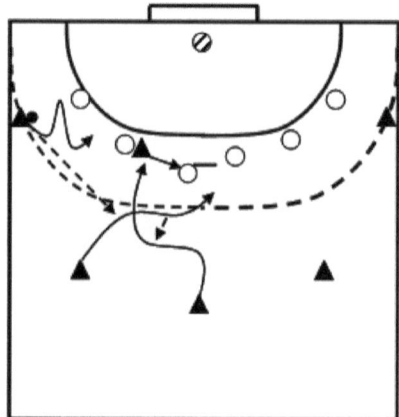

SCREENINGSØVELSE 16

PARALLEL

Angrebsåbningen kan afvikles med start i begge sider. I eksemplet på illustrationen startes fra venstre side.

- ST starter på indersiden af H2
- Bolden starter hos VF, der presser udad og afleverer til VB
- VB er trukket langt ud mod VF, modtager bolden i en position mellem H2 og H1, og går langt ind over midten mod H3
- CT går lige mod V3
- ST rykker over på indersiden af V3
- CT modtager bolden fra VB og bryder igennem mellem V3, der bindes af ST og H3, der er engageret af VB
- HB rykker udad for at trække forsvaret lidt fra hinanden

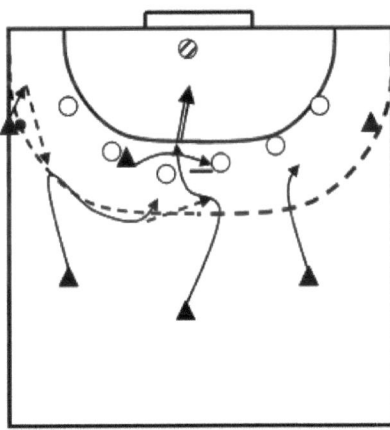

SCREENINGSØVELSE 17

RETUR-KANT

Angrebsåbningen kan afvikles med start i begge sider. I eksemplet på illustrationen startes fra venstre side.

- ST starter på ydersiden af V3
- Bolden starter hos VF og spilles i pres over til CT, der forsøger at bryde igennem rundt om ST, der binder V3
- Gennembruddet forhindres af H2, hvorfor CT afleverer videre til HB, der afslutter på yderside af H2

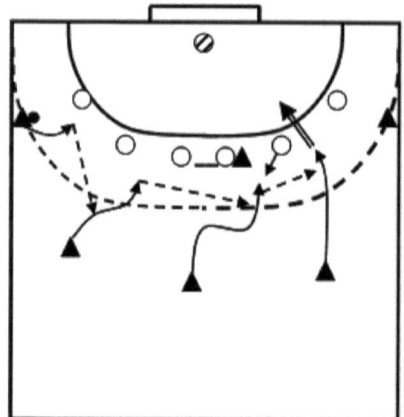

SCREENINGSØVELSE 18

RUSSER PÅ FLØJ

Angrebsåbningen kan afvikles i begge sider. I eksemplet på illustrationen afvikles i venstre side. Åbningen retter sig mod hold, der dækker med aggressive, høje fløje.

- ST starter på indersiden af H2
- Bolden starter hos VB, der afleverer til CT
- CT udfører en afleveringsfinte ud mod VF, hvilket får H1 til at gå højt på hende
- I det øjeblik H1 er gået frem, rykker ST ud og sætter en screening på indvendig side af hende
- VB løber ned og stiller sig mellem H2 og H3
- VF rykker ind i banen rundt om ST's screening og modtager bolden fra CT, der er presset ind mellem H3 og V3
- VF kan nu:
    1. Afslutte selv ved hopskud over VB, der binder enten H2 eller H3
    2. Aflevere ST i russer ned bag H1, hvis H2 går frem og åbner for denne mulighed
    3. Aflevere ind til VB på stregen, hvis H2 eller H3 går for langt frem

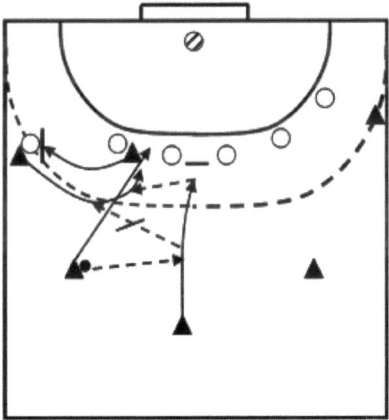

SCREENINGSØVELSE 19

FORLÆNGET RUSSER

Angrebsåbningen kan afvikles med start i begge sider. I eksemplet på illustrationen startes fra HF. Angrebsåbningen retter sig mod forsvar, der dækker skæv 5:1 mod den ene back – i eksemplet VB.

- ST starter på ydersiden af H2
- Bolden starter hos HF
- CT løber ind på højre side af MF
- HF afleverer til HB, der presser ind mod V2 og afleverer videre til VB
- CT trækker frem og sætter screening på CF, samtidigt hermed rykker ST rundt om H2, så hun står på indersiden af hende
- VB angriber på ydersiden af CF, men brækker indad, rundt om CT's screening på CF
- VB kan nu
    1. Afslutte selv over ST's screening
    2. Aflevere ned til CT i russer til hendes afslutning på ydersiden af H2
    3. Aflevere ned til ST's afslutning omkring H2, hvis MF støder frem for at tackle på hende

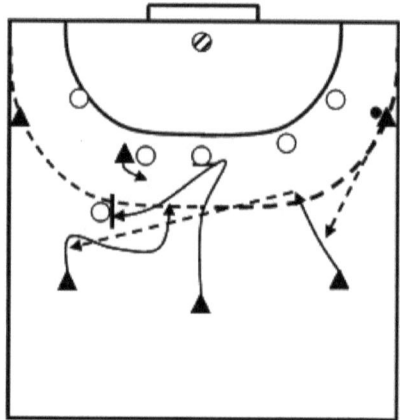

Hånd bold tips

- Bøger om håndboldtræning

ANDRE BØGER AF SAMME FORFATTER

"Rundt om bolden ...en håndbog for håndboldtræner og -spiller" – 1. udgave BoD 2019 (224 sider)

Bøger i håndboldtipsserien:

"Håndboldtips – 725 træningsøvelser til håndbold"
2. udgave BoD 2017, 1. udgave 2008 (460 sider)

"*Flere* håndboldtips – 626 træningsøvelser til håndbold (+2)"
2. udgave BoD 2017, 1. udgave 2010 (452 sider)

"Håndboldtips 3 – 585 træningsøvelser til håndbold)"
2. udgave BoD 2017, 1. udgave 2013 (436 sider)

"Håndboldtips til træning og teori – 242 træningsøvelser til håndbold ...og lidt teori)"
2. udgave BoD 2018, 1. udgave 2017 (272 sider)

"Femte håndboldtips – 333 træningsøvelser til håndbold"
1. udgave BoD 2018 (396 sider)

"Sjette og de sidste håndboldtips – 306 træningsøvelser til håndbold"
1. udgave BoD 2019 (328 sider)

Håndboldtips' temahæfter:

"Træningsøvelser for stregspilleren – 1. udgave BoD 2019 (100 sider)
"Træningsøvelser for fløjspilleren – 1.udgave BoD 2019 (112 sider)
"Træningsøvelser for bagspilleren – 1. udgave BoD 2019 (220 sider)
"Træningsøvelser for målvogteren – 1. udgave BoD 2019 (296 sider)
"Træningsøvelser til generelt forsvarsarbejde – 1. udgave BoD 2019 (228 sider)
"Træningsøvelser og teori til specifikke forsvarsformationer" – 1. udgave BoD 2019 (152 sider)
"Angrebsåbninger" – 1. udgave BoD 2019 (176 sider)

Bøger i træningstipsserien:

"Træningstips 1: Små spil og lege" – 1. udgave BoD 2018 (80 sider)
"Træningstips 2: Løbetræning" – 1. udgave BoD 2018 (76 sider)
"Træningstips 3: Opvarmning og almen styrketræning" – 1. udgave 2018 BoD (100 sider)
"Træningstips 4: Balance, koordination og udstrækning" – 1. udgave 2018 BoD (76 sider)
"Træningstips 5: Hop, hurtige fødder og øvelser til vippebræt" – 1. udgave 2018 BoD (76 sider)

Peter Schmidt, f. 1964

Træner igennem snart 30 år on/off på alle niveauer, primært på kvindesiden.

Udpræget nysgerrig, udpræget autodidakt.

"Fordi legen med den harpiksklistrede bold er verdens bedste leg"

www.peter-schmidt.dk